prozesse formen

kilian stauss

kunst + design
preisträger der
stankowski-stiftung
2015

stankowski-stiftung
herausgeber

Birkhäuser
Basel

Vorwort

von Prof. Dieter Zimmer,
Mitglied des Stiftungsrates
der Stankowski-Stiftung

Photo:
Projektdokumentationen
stauss pedrazzini 1996 – 2007
design stauss grillmeier 2008 – 2013
stauss processform 2013 – 2014

Der erstmals 1985 vergebene Preis der Stankowski-Stiftung wird in diesem Jahr zum elften Mal verliehen. Pünktlich zum 18. Juni, dem Geburtstag des Malers, Grafikers, Fotografen und Kommunikations-Designers Anton Stankowski – der in diesem Jahr 108 Jahre alt geworden wäre – wurde mit dem Designer und Hochschullehrer Kilian Stauss ein würdiger Preisträger 2015 gefunden.

Kilian Stauss zeichnet sich als Gestalter durch eine außergewöhnliche Bandbreite aus, die heute selten zu finden ist. Das Spektrum seiner Arbeiten reicht vom Kommunikations-Design, über Interior-Design, Produkt-Design bis zum Interface-Design und schließlich sogar bis hin zur »Kunst im öffentlichen Raum«: Zumindest dann, wenn man die diversen, von ihm entworfenen Leit- und Orientierungssysteme so auffasst, wie es der weit über die Grenzen bekannte Kunsthistoriker Dr. Hans Wichmann getan hat, indem er vorbildlich gestaltete Industrieprodukte als »Kunst, die sich nützlich macht« bezeichnete und damit auch ganz im Sinne von Anton Stankowski argumentierte. Der nämlich die Trennung von »frei« und »angewandt« stets hinterfragte und mit dem knappen Satz »ob Kunst oder Design ist egal – nur gut muss es sein«, kommentierte.

Dass die Arbeiten von Kilian Stauss nicht nur von der Bandbreite her außergewöhnlich sind, sondern auch mit ihren inhaltlichen und gestalterischen Qualitäten überzeugen, liegt an der Haltung des Gestalters: »Denken in Prozessen« lautet sein Credo, »stauss processform« heißt daher, konsequenterweise, das von ihm gegründete Büro. Es liegt mitten in der Innenstadt von München und seinen eigenen Worten nach wird hier »Design zu einer Verknüpfungsdisziplin, die Logik, Ethik und Ästhetik in die komplexen Gestaltungsprozesse des 21. Jahrhunderts gleichermaßen integriert«.

Die Arbeitsweise von »stauss processform« ist wissenschaftlich, interdisziplinär. Und so ist es kaum verwunderlich, dass eine Vielzahl der Projekte in Arbeitsgemeinschaften entstanden sind, wie zum Beispiel das außergewöhnliche Leit- und Orientierungssystem der Gemeinde Pöcking am Starnberger See. Oder wie der Hamburger U-Bahnhof »Hafen City Universität«, der mit seinen signifikanten farbigen Lichtcontainern als Lichtinstallation derzeit in aller Munde ist und mit diversen internationalen Designpreisen ausgezeichnet wurde.

Doch nicht immer sind die Projekte so komplex und vernetzt angelegt. Es geht auch einfacher. Bei einigen Arbeiten von Kilian Stauss hat man den Eindruck,

es mit Artefakten zu tun zu haben. So bei dem Kerzenleuchter, den Haushaltsbürsten und der Gartenschlauchführung für die Manufactum GmbH. Trotz hoher Funktionalität, auch im Sinne von Herstellung und Gebrauch, zeichnen sich diese Produkte vor allem durch skulpturale Erscheinungsformen aus. Sie sind unaufgeregt, sympathisch uneitel und spiegeln eine Auffassung wider, wie sie Egon Eiermann, der große deutsche Architekt der Nachkriegszeit, in die Frage kleidete: »Sind wir dazu da, immer nur etwas Neues zu machen, oder sind wir auch dazu da, die Dinge, die bestehen, immer weiter zu vollenden.« – Eine Haltung, die gerade als Kontrast zum heutigen Internet-Zeitalter kulturell erfrischend wirkt.

Kilian Stauss tut beides. Er verschließt sich weder dem Einen noch dem Anderen: Er forscht, er theoretisiert, er experimentiert und baut aber auch in der kleinen eigenen Werkstatt im Stadtteil Lehel Modelle und Anschauungsmuster mit hoher Präzision, wie es die altehrwürdigen Schreiner und Buchbinder immer getan haben.

Dies gilt auch für seine überaus zahlreichen typografischen und fotografischen Projekte. Bis hin zur eigenen Dokumentationsreihe, die er als »Werkzeug« bezeichnet, um Erfahrungen zu speichern und mit den Kunden zu kommunizieren. – Und auch, um den Studierenden der »Hochschule für angewandte Wissenschaften Rosenheim« eine hautnahe, praxisbezogene Lehre bieten zu können.

Kilian Stauss wurde 2007 als Professor für Interior Design berufen und lehrt dort mit gleicher Energie und Leidenschaft, mit der er seine Projekte bei »stauss processform« betreibt. Mit dem Ziel, den Studierenden »möglichst viele Gesichtspunkte näher zu bringen die man kennen muss, um den Wert der Gestalt eines Dinges«, einschließlich des dazugehörigen Prozesses, sicher zu beurteilen, wie es Max Burchartz, der von Anton Stankowski so hoch verehrte Lehrer

der Folkwangschule, in seiner Gestaltungslehre formulierte. Gemäß Stankowskis Motto, – »die wirkliche Auseinandersetzung findet auf der freien Wildbahn statt« – betraut Kilian Stauss die ihm anvertrauten Studierenden bevorzugt mit Kooperationsprojekten aus der Industrie. Denn neben der Forderung nach entsprechender professioneller Qualität ist die frühe interdisziplinäre Zusammenarbeit im Planungs- und Herstellungsprozess für angehende Designer eine wertvolle Erfahrung, die den späteren Übertritt ins Berufsleben ungemein erleichtert. Auch in dieser Hinsicht ist der Preisträger 2015 im Sinne der Stankowski-Stiftung eine gute Wahl.

Die Stiftung selbst wurde 1983 von Anton Stankowski ins Leben gerufen und wird heute von den Ratsmitgliedern Dr. Ulrike Gross (Leiterin Kunstmuseum Stuttgart), Werner Meyer (Leiter Kunsthalle Göppingen), Dr. Stephan von Wiese (Kunsthistoriker), Dr. Ursula Zeller (Leiterin Alimentarium Vevey) und Prof. Dieter Zimmer (Emeritus für Industrial Design) geführt. Während dieser Zeitspanne konnten bisher folgende Personen und Institutionen, die das Zusammenwirken mit benachbarten Berufen auf besondere Weise gefördert und grenzüberschreitend gearbeitet haben, mit dem Stankowski-Preis ausgezeichnet werden:

Almir Mavignier, 1985 (Künstler), Willi Daume, 1986 (Präsident des Organisationskomitee der XX. Olympischen Spiele, München 1972), Hans Peter Hoch, 1988 (Grafik-Designer), Wim Crouwel, 1990 (Designer), Donald Judd, 1993 (Künstler und Architekt), Erwin Heerich, 1995 (Bildhauer und Architekt), Ingo Günter, 1999 (Medienkünstler), Kunsthaus Bregenz, 2000 (Ausstellungsinstitution), Stefan Moses, 2001 (Fotograf), Atelier Van Lieshout, 2009 (interdisziplinäres Künstlerkollektiv), und nun 2015, Kilian Stauss.

Herzlichen Glückwunsch! Auch im Namen der Stankowski-Stiftung! (DZ)

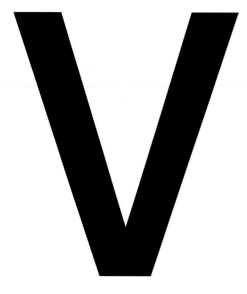

Ordnung und Widerspruch
ein Essay von
Herbert Lechner

Wie steht der Designer* in der Welt, wie empfindet er sich und seine Aufgabe in einem Umfeld, das nahezu vollständig von Menschen gestaltet ist? Welche gesellschaftliche Funktion beschäftigt ihn? Gibt es allgemein verbindliche Definitionen, unabhängig von seiner Tätigkeit als Grafik-, Foto-, Industrie-, Produkt-, Möbel-, Messe- oder Interface-Designer? Wo ist sein Platz in der virtuellen wie in der realen Welt? Was kennzeichnet seine Arbeit grundsätzlich? Eine Annäherung.

Paul Watzlawick schildert in seinem Buch »Wie wirklich ist die Wirklichkeit?« ein erstaunliches Experiment: Eine Versuchsperson nimmt vor einem Schaltbrett mit einem Kreis von Knöpfen Platz und erhält die Anweisung, diese Knöpfe so zu drücken, dass eine Höchstzahl von Punkten erzielt wird. Natürlich weiß die Person noch nicht, wie das zu erreichen ist und muss sich zunächst auf bloßes Experimentieren verlassen, bis allmählich eine logische Struktur aus dem Drücken der verschiedenen Knöpfe abzuleiten ist.

Ein Experiment

Die Versuchsperson weiß nicht, dass der Summton als »Belohnung« völlig nichtkontingent ertönt, also unabhängig davon, welcher Knopf gedrückt wurde. In einer ersten Abfolge ertönt das Signal willkürlich, dann folgt eine Phase, in der jeder Knopfdruck als »richtig« belohnt wird, dann klingt der Signalton nicht ein einziges Mal und schließlich bei den letzten Versuchen wieder jedes Mal. Für die Testperson bedeutet das: »Die Situation scheint vorläufig weder Hand noch Fuß zu haben. Langsam bilden sich einige scheinbar verlässliche Annahmen heraus. Gerade dann geht aber irgendetwas schief, das alles bisher Erarbeitete in Frage stellt, denn auch nicht ein einziger Versuch erweist sich als richtig. Alles erscheint umsonst, doch glücklicherweise macht man nun die entscheidende Entdeckung, und von diesem Augenblick an ist der Erfolg hundertprozentig: Man hat die Lösung gefunden.«

Soweit so gut. Doch faszinierend ist, was nun folgt: »An diesem Punkt angekommen wird den Versuchspersonen die Wahrheit über die Versuchsanordnung mitgeteilt. Ihr Vertrauen in die Richtigkeit der eben erst mühsamst erarbeiteten Lösung ist aber so unerschütterlich, dass sie die Wahrheit zunächst nicht glauben können. Einige nehmen sogar an, dass der Versuchsleiter derjenige ist, der einer Täuschung zum Opfer fiel.« Andere vermeinen, eine bisher unentdeckte Regelmäßigkeit entdeckt zu haben, anderen muss die Rückseite des Apparats gezeigt werden, damit sie sehen, dass tatsächlich keinerlei Verbindung zwischen den Knöpfen besteht.

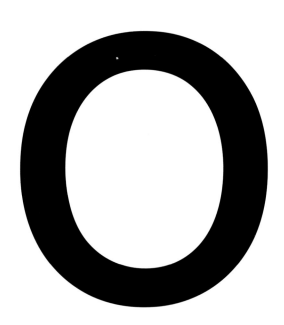

* »Designer« ist hier stets als geschlechtsneutrale Berufsbezeichnung zu verstehen.

Die Suche nach Ordnung

Dieser bisweilen verzweifelten Suche nach Logik, Sicherheit und vor allem Ordnung erliegen auch scheinbar stets rational denkende Wissenschaftler. Der Großteil der beobachteten Kausalitäten, auf denen nicht selten ganze Forschungsgebäude errichtet werden, sind nämlich gar keine, sondern lediglich Koinzidenzen. Die berühmte Beobachtung, dass die Zahl der Geburten zurückgegangen ist, als die Störche weniger wurden, dient wohl in jedem Designseminar als vielbelächeltes Beispiel für eine Scheinkorrelation. Doch ist solch ein Missverständnis eher die Regel als die Ausnahme, wenn auch nicht immer so eindeutig. Valerie Casey, eine kalifornische Designerin, die sich vor allem mit dem Einfluss von Big Data auf gesellschaftliche Veränderungen beschäftigt, geht davon aus, dass 70 – 80 % der Daten in Forschung und Industrie falsch sind, weil Kausalität und Korrelation verwechselt werden. »Datenwissenschaftler arbeiten mit Millionen und Abermillionen von Daten und versuchen, sie in Beziehung zueinander zu setzen. Doch diese wundervollen Verbindungen zwischen den Fakten sind häufig falsch.

Ein Beispiel dafür ist die Framingham-Herz-Studie, bei der die Bevölkerung der Stadt systematisch untersucht wurde, um Risikofaktoren koronarer Herzerkrankungen zu erfassen und zugleich die sozialen Beziehungen in der Gemeinde zu erforschen. Ein Ergebnis lautete, wenn jemand aus der näheren Bekanntschaft zunimmt, besteht eine Wahrscheinlichkeit, dass man selbst zunimmt. Daraufhin titelten alle amerikanischen Zeitungen: »Übergewicht ist ansteckend!« Es gab eine große Aufregung um die sozialen Netzwerke, bis hin zu »Du wirst dick, wenn Du in Facebook bist.«

Erklär mir die Welt

Karl von Linné verdanken wir die Taxonomie, die Einteilung der Flora und Fauna in Klassen und Ordnungen, seinem Landsmann Anders Celsius die Temperaturskala, der Urmeter ist die Basis (fast) aller Längen-, Flächen- und Raumordnungen, die Uhrzeit wird immer exakter gemessen. Großmächte kämpfen um eine wie auch immer gestaltete Weltordnung, Individuen orientieren sich an einem Wertesystem – »Früher oder später erfindet jeder eine Geschichte, die er für sein Leben hält« (Max Frisch) – und werden dabei von immer neuen, außerordentlich beliebten Rankings überschüttet.

Kurz: der Mensch sucht Orientierung, Logik und vor allem Ordnung. Es geht dabei nicht nur um das Chaos auf dem Schreibtisch, das Zimmer des pubertierenden Nachwuchses oder die vergebliche Klarheit der eigenen Gedanken. Wir brauchen Fixpunkte in unserem Dasein, kleine und große, nachvollziehbare Zusammenhänge. Dabei spielt es zunächst keine Rolle, ob die Erde eine Kugel oder Scheibe ist, das Weltgebäude auf Schildkröten ruht oder von einem Atlas getragen wird, und die Götter im Himmel, unter der Erde oder im PC hausen. Solange niemand an den unumstößlichen Grundgesetzen, und seien sie noch so hanebüchen, rüttelt, ist die Welt »in Ordnung«(!).

Ordnung und Chaos

Je komplexer Leben, Informationsvielfalt, Kommunikationsmöglichkeiten werden, desto verzweifelter und intensiver ist die Suche nach Klarheit und Übersicht. Von Gottfried Wilhelm Leibniz (1646 – 1716) heißt es, er sei der letzte Universalgelehrte gewesen, der noch das ganze Wissen seiner Zeit überblickt hätte.

Rund hundert Jahre danach zielen Diderot und d'Alembert mit der »Encyclopédie ou Dictionnaire raisonné des sciences, des arts et des métiers« darauf ab, »die auf der Erdoberfläche verstreuten Kenntnisse zu sammeln, und sie den nach uns kommenden Menschen zu überliefern, damit die Arbeit der vergangenen Jahrhunderte nicht nutzlos für die kommenden Jahrhunderte gewesen sei«.

Bekanntlich gelingt es ihnen nicht, das Wissen ist schon zu vielfältig.

Heute ist diese Übersicht endgültig verloren, wir erfahren nur noch winzige Fetzen der Wirklichkeit, und diese überwiegend über Medien, wissen in der Regel aber nicht, welche die relevanten sind.

Wie hat es doch schon der skurrile Philosoph Settembrini in Thomas Manns »Zauberberg« so treffend formuliert: »Sie werden mir einwenden, was nützen Klassen, Ordnungen, Systeme! Ich antworte Ihnen: Ordnung und Sichtung sind der Anfang der Beherrschung, und der eigentlich furchtbare Feind ist der Unbekannte.«

Design als Rettung

Wenn es die Aufgabe des Designers ist, das Leben des Menschen etwas leichter und einfacher zu gestalten, dann lässt sich diese Aufgabe im weitesten Sinne unter »Ordnung schaffen« zusammenfassen.

Gutes Design – und alles andere ist kein Design, sondern Styling oder Schlimmeres – ist logisch, funktional, klar, einfach und auf die optimale Erfüllung eines definierten Zwecks ausgerichtet. Gutes Design ist zugleich emotional und markant, folgt aber auch damit einer Logik und einer – selbst geschaffenen – Ordnung. Diese Aufgabe ist umfassend und global. Ob es um Fragen der Ergonomie, der Ästhetik, der Ökologie, der Logistik, der Gesundheit, der Nachhaltigkeit, der Ökonomie geht, alles lässt sich auf Ordnungsprinzipien aufbauen bzw. zurückführen.

Die Anordnung von Bedienelementen, von Tasten und Schaltern, die Zuordnung von Systemen, die Verordnung von Abfolgen, die Gestaltung von Wegeleitsystemen, von Transportmitteln und die von Infografiken, all das ist auch und wesentlich Design. So bringt der Designer Ordnung in die Welt und die Welt »in Ordnung« – wenigstens in Details.

Ordnung schaffen

Die Arbeit des Gestaltenden beginnt schon mit einem solchen Ordnung schaffen. In den meisten Fällen besteht der erste Schritt darin, überhaupt Klarheit über das Problem zu bekommen bzw. das wahre Problem hinter dem augenscheinlichen zu identifizieren. Nicht selten erfordert das detektivische Feinarbeit, die eines Sherlock Holmes würdig wäre. Aus all den Puzzleteilen ein ganzes, sinnvolles Bild zu ordnen ist der nächste Schritt zur Lösung, die dann selbst logische Funktionalität ermöglicht, sei es drei- oder zweidimensional und unabhängig von den eingesetzten Mitteln.

So wird der Gestalter zum Innovator und zum Ordnungsbildner, zur guten Fee, die das Leben bereichert, das Arbeiten erleichtert, Kosten spart, die Umwelt schont und alles wohlgeordnet hinterlässt. »Und siehe, alles wird gut … «

Ordnung – und Widerspruch

So bedeutsam Ordnung offenkundig für das menschliche Dasein auch ist, so birgt sie zugleich doch eine akute Bedrohung in sich. Erinnern wir uns an den Traum, des geordneten Schreibtisches, des aufgeräumten Kinderzimmers, der kristallklaren Gedanken. All das ist durchaus wünschenswert und auch möglich – allerdings nur für einen begrenzten Zeitraum. Denn, wenn »alles in Ordnung« ist, dann bedeutet das auch, dass Ruhe herrscht. Dass alles festgefügt, statisch, starr ist – versteinert. Göttliche Weltordnung oder »policierte Staaten«, von denen in den Wahlverwandtschaften des Dichterfürsten und Geheimrats Goethe die Rede ist, mögen beruhigende Bilder sein, doch sie werden mit den Maßnahmen einer nicht nur geistigen Zwangsjacke erkauft.

Der Kaiser als ahistorische Persönlichkeit: Das Beispiel der österreichischen K.-u.-k.-Monarchie vor dem 1. Weltkrieg hat gezeigt, welche Gefahren in einer solchen formalistischen Erstarrung, besonders in solchen Zeiten ungeheuren Aufbruchs, stecken.

Starrheit der Utopien

Lars Gustafsson hat in seinem Essay über Utopien deutlich gemacht, dass sie stets außerhalb eines Kontinuums stehen. Das ist kein Zufall: Es macht die Geschichte wesentlich einfacher, wenn kein Übergang vom Jetzt in die Utopie notwendig ist, man muss sich dann nicht mit hinderlichen Details abplagen und kann so das Paradies auf Erden quasi von einem Nullpunkt starten lassen.

Ähnlich bleibt für die Utopisten der ideale Status unverändert, es gibt in den seltensten Fällen einen Wandel. Das »Ende der Geschichte« ist notwendiger Bestandteil. Man erinnere sich der berühmten »Insel Felsenburg« jenem vielbändigen, von Wilhelm Tieck und Arno Schmidt gleichermaßen geliebten frühen utopischen Roman. Die Abgeschlossenheit der Insellage ermöglicht das Beharren auf der bestehenden Ordnung, Einflüsse durch die Neuankömmlinge bleiben die Ausnahme, trotz allerlei Abenteuer verändert sich das Grundgefüge nicht.

Ganz ähnlich auch bei James Hiltons »Lost Horizon« mit dem traumhaften Shangri-La, unzugänglich im tibetischen Hochland gelegen, dessen Bewohner sogar noch mit einer Art Unsterblichkeit gesegnet sind. Selbst den Anarchisten schwebten solcherlei Ideal-Ordnungen vor.

Napoleons Bibliothek

Es ist heute nicht allgemein bekannt, dass Napoleon Bonaparte für seine Feldzüge eine eigene Bibliothek hatte anlegen lassen. Der spätere Kaiser war ein belesener Mann und vielseitig interessiert – den Werther hat er angeblich sogar siebenmal gelesen. Die ausgewählten Autoren und Texte entsprachen durchaus dem, was man im Sinne Reich-Ranickis den Kanon feldherrlicher Lektüre nennen konnte: antike und neuere Klassiker, wissenschaftliche Werke, ein wenig Belletristik. Das Besondere liegt aber im Format, für das die Bände eigens gedruckt und gebunden wurden. Denn sie sollten für den leichten Transport während der Kampagnen in einer speziellen Kiste Platz finden. Die ganze (Bücher-)Welt in einer Kiste – der Traum jedes Ordnungsfanatikers! Doch zugleich eine Mahnung und ein Appell gegen die so geschaffene Einengung und Begrenzung. Auch Bücher brauchen Freigang und Austausch.

Von Bergen und Inseln

So utopisch der Zustand einer dauernden Ordnung ist, so unvermeidlich ist in der Realität der fortlaufende Wandel. Und so ist jeder geschaffenen Ordnung auch stets ihre Auflösung immanent. Als Kind hat mich die Tatsache ungeheuer erschüttert und zugleich fasziniert, dass sich die Gestalt der Erdoberfläche ständig verändert, dass sich tektonische Platten übereinander schieben, dass Gebirge aufgefaltet und von der Erosion wieder beseitigt werden, dass Inseln entstehen und wieder vergehen können. Damals, 1963, füllte gerade das Auftauchen der Vulkaninsel Surtsey bei Island die Schlagzeilen.

Wenn aber selbst unser gesamter Heimatplanet ständigem Wandel unterworfen ist, dann ist doch auch jegliche immerwährend scheinende Ordnung eine Illusion. Zugegeben, eine nützliche Illusion, denn wie eingangs dargestellt, brauchen wir Ordnung, um uns in unserem komplizierten Dasein zurechtzufinden. Aber wir benötigen zugleich Instrumente, Mittel und Wege, um diese Ordnung, besser gesagt Ordnungen, flexibel zu gestalten.

Regelwerk und Regulativ

Kurzum: Ordnung braucht ein Korrektiv, braucht Zweifel und Widerspruch. Wieder ist der Designer der geeignete Problemlöser.

Geht es doch um nicht weniger als darum, die Schwachpunkte bestehender Ordnungen, Anordnungen und Systematiken zu identifizieren, die Aufgabenstellung anhand der veränderten Bedingungen zu definieren und daraus ein Lösungspotenzial zu entwickeln und ihm Gestalt zu geben. Mit einem Wort: Ordnung als Prozess zu erkennen und entsprechend zu formen.

Vielleicht lässt sich diese Aufgabe an einem konkreten Fall aus dem breiten Tätigkeitsfeld des Designers am besten illustrieren. Es geht dabei um das sogenannte Corporate Design, seit den 1980er-Jahren als Allheilmittel für unverwechselbare, positive Unternehmensbilder gepriesen, eigentlich bis in die frühesten Anfänge des industriellen Designs zurückreichend.

Design als Religion

Nun aber wurden unter den Begriffen Corporate Identity und Corporate Design – die übrigens beide in erschreckend unkritischer Weise bunt vertauscht wurden – dicke Regelwerke entwickelt, die jede Emanation eines Unternehmens exakt definierte. Die Verknüpfung von Marketing und Design führte zu wissenschaftlich fundierten Anwendungsregeln, die nicht nur jede Form eines Logos, sondern auch seine Platzierung bestimmte. Besonders gefürchtet waren Publikationen für den Siemens-Konzern, doch auch bei anderen Großunternehmen waren solche Festlegungen sakrosankt. Die Manuals von Agip etwa umfassten 15 dickleibige Ordner, die vom Briefbogen bis zur Beschriftung von Öltanks reichten, und BMW beschäftigte alleine eine Agentur nur dafür, die korrekte Logo-Anwendung bei den Händlern zu überprüfen.

Roman Antonoff, einer der Gurus dieser Bewegung, prägte den provokanten Satz »Corporate Design ist Religionsersatz« und traf damit genau den Punkt. Denn diese säkularisierte göttliche Ordnung bot Sicherheit und festes Weltgefüge. Sie ersparte zugleich viele Entscheidungen, das war zweifelsfrei ökonomisch, schuf aber auch eine gefährliche Starrheit. Was, wenn eine Anwendung nicht vorgesehen war, nicht im Manual verzeichnet worden war?

Inzwischen sind, auch bedingt durch die Explosion neuer Anwendungen, CD-Programme weitaus flexibler gehalten und bieten eine weitaus wirkungsvollere Kombination distinktiver und fakultativer Elemente. Der so geschaffenen Ordnung tut das keinen Abbruch.

Ordnungsbildner

Ordnung und Widerspruch – für beide, durchaus einander bedingende Themen, erscheint der Designer als der Spezialist. Als Retter aus dem Chaos zum einen und als Retter aus der Erstarrung zum anderen. So geht seine Tätigkeit weit über die Detaillösung hinaus, sie ist Teil eines stabilen Weltenkonstrukts, einer Ordnung, die offen für Verbesserung ist und den Wandel bereits in sich trägt.

»Das Gute ist der Feind des Besseren« – auch dieser Umkehrschluss trifft zu und wird tagtäglich erlebt. Lieber im Bestehenden verharren als die offenkundige Optimierung zulassen. »Keine Experimente!« hieß es einst auf einem Wahlplakat.

Welch eine Bedrohung für die Freiheit des Denkens versteckt sich darin.

Überzeugungsarbeit für sinnvollen Wandel zu leisten, gehört ebenso zum Aufgabenbereich des Designs wie konkrete Lösungen zu verwirklichen. Dann erfüllt sich die schöne Definition von Carlos Obers: »Design ist Kunst, die sich nützlich macht«. (HL)

graphic design

Napoleon haut
voll auf die Zwölf

Ich bewundere Napoleon Bonaparte für vieles. Weniger für seine militärischen Erfolge, aber für die umfassenden Reformen des Rechts- und Wirtschaftssystems seiner Zeit, die bis heute positive Auswirkungen haben (z. B. Gewerbefreiheit).

In einem Bereich handelte er uns allerdings handfeste Nachteile ein: Bei der Einführung des metrischen Systems. Man könnte das Zehnersystem in Anbetracht der Anzahl unserer Finger und Zehen für naturgegeben halten, aber es hätte besser zu Napoleon gepasst, wenn er ein mathematisches System aufgrund seiner Leistungsfähigkeit propagiert hätte.

Die Zahl 10 ist nur durch sich selbst sowie durch 1, 2 und 5 teilbar. Die Zahl 12 hingegen durch sich selbst, durch 6, 4, 3, 2 und 1. Damit ist die Zahl 12 im Bereich ganzzahliger Teiler um 50 % leistungsfähiger als die Zahl 10.

Warum haben wir diese Vorteile aufgegeben, obwohl man um diese wusste und die Zahl 12 Basis vieler tradierter Rechensysteme war?

Im Design wird viel mit Modulen gearbeitet, einer kleinsten Einheit, die zu Systemen vervielfältigt wird. 2/3 oder 5/8 eines Modules machen selten Sinn, denn ein Modul ist optimalerweise so zu wählen, dass es nie geteilt werden muss. Was sollte man auch mit einem 1/2 Getriebe, 2/3 einer Tür oder 5/8 eines Bildes? Modulsysteme erfordern die ganze Zahl.

Sucht man dann trotzdem Flexibilität innerhalb eines Systems, so ist man mit Zahlen mit einer größtmöglichen Menge ganzzahliger Teiler gut beraten, beispielsweise mit der 12.

Dies erklärt, warum in der graphischen Gestaltung so häufig zwölfspaltige Satzspiegel zum Einsatz kommen. Auch die Uhr, der Kompass, das Jahr, die Pizza und die Torte werden durch 12 geteilt. (KS)

1791
Beschluss der Académie des Sciences in Frankreich, ein neues universelles Längenmaß einzuführen

ab 1791
Entwicklung des metrischen Systems durch Jean-Antoine Choptal

1793
Festlegung des Begriffs »metron« als zunächst provisorische Einheit

1800
Einführung des metrischen Maßsystems als »système legal«

1812
Rückkehr zu den alten Maßsystemen des Ancien régime, da das neue System in der Bevölkerung keine Akzeptanz fand.

1837
Wiedereinführung des metrischen Systems in Frankreich

1840
Verbot anderer Maßsysteme in Frankreich

1868
Einführung des metrischen Systems im Norddeutschen Bund

1872
Die »Maß- und Gewichtsordnung« des Deutschen Reiches tritt im gesamten Reichsgebiet in Kraft.

1894
Das metrische System ist in ganz Europa vorgeschrieben.

Illustration:
Satzspiegel
DIN A4 hoch
stauss processform
2013

Die 12 Spalten lassen sich durch 12, 6, 4, 3, 2 und 1 teilen. Die 83 Zeilen des Satzspiegels lassen sich mit jeweils einer Zeile Zwischenraum in $2 \cdot 41$, $3 \cdot 27$, $4 \cdot 20$, $6 \cdot 13$, $7 \cdot 11$, $12 \cdot 6$, $14 \cdot 5$ und $28 \cdot 2$ Zeilen unterteilen. Trotz der Einschränkung auf die Ganzzahligkeit der Teiler sind die Gestaltungsspielräume im Raster nahezu unbegrenzt.

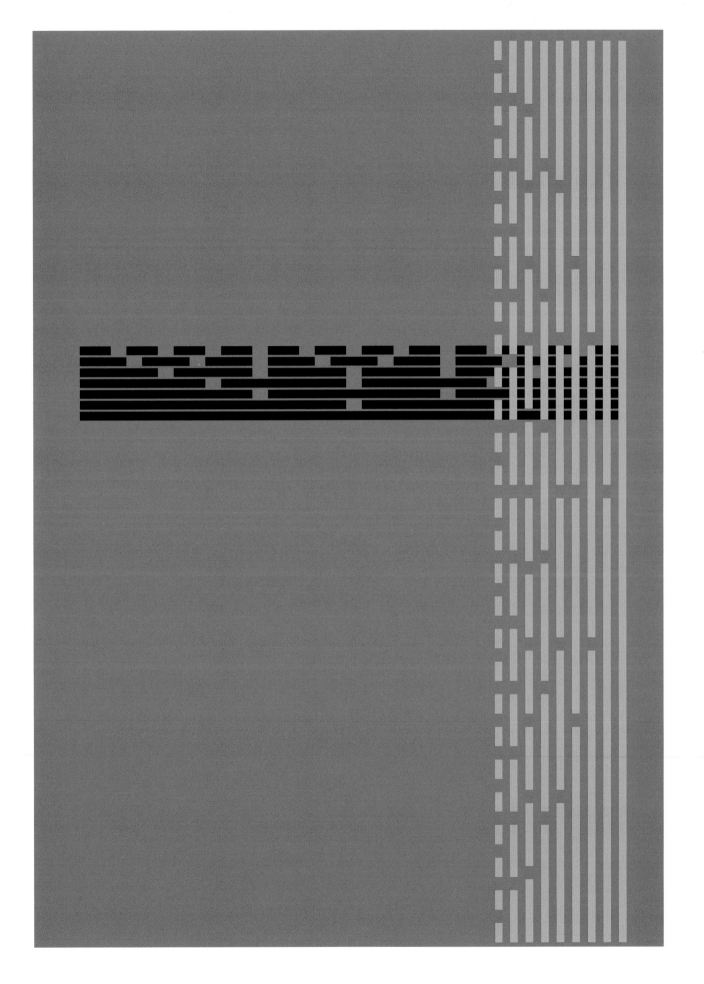

Das Unsichtbare illustrieren

Ich verfolge oft einen synästhetischen Gestaltungsansatz und finde es unangebracht, beispielsweise Bewegung mit einem Bewegtmedium (z.B. Film) zu kommunizieren.

Es wäre zu leicht, zu naheliegend und der häufig seltsame Kern der Botschaft bliebe unentdeckt. So ähnelt gute Plakatgestaltung oft dem Stilmittel des Paradoxons: Auf den ersten Blick oder mit dem ersten Kontakt wird Verwunderung, Verstörung, Irritation und damit Aufmerksamkeit erzeugt. Auf den zweiten Blick werden Irritationen aufgelöst und beim Betrachter neue thematische und visuelle Verknüpfungen geschaffen.

Der Deutsche Werkbund Bayern e.V. veranstaltete 2013 zum zweiten Mal die Vortragsreihe »Die Energiewende gestalten«. Als interdisziplinärer und nicht berufsständischer Verein bietet er die optimale Plattform für breite Diskussionen.

Worin liegen aber die Probleme der Energiewende und wie kann man diese in einem Plakat illustrieren?

Hier bot sich das Phänomen der Wirbel- bzw. Rollschleppe an: Bei allen sich drehenden Flügeln bildet sich an der Spitze ein extremer Wirbel, denn hier treffen maximale Auf- und Abtriebskräfte bzw. Vor- und Rotationskräfte aufeinander.

Die Wirbel bremsen und sorgen für Vibrationen der Flügel, was einerseits die Energieerzeugung bei Windrädern oder Turbinen bremst und andererseits negative akustische Phänomene mit sich bringt.

Und bezogen auf graphische Gestaltung zeigt sich wieder einmal: Das Unsichtbare besitzt eine interessante geometrische Figur. (KS)

Nabenwirbel
Bei einem Propeller oder einer Turbine bildet sich in der Mitte um die Drehachse der Nabenwirbel, der annähernd linear verläuft.

Randwirbel
An den Spitzen der Rotorblätter bilden sich Randspitzen- oder Randwirbel, die in Schraubenform verlaufen.

Wirbel bremsen
Wirbel sind Zeichen eines unkontrollierten Strömungsabrisses und bremsen die Rotationsbewegung. Wirbel sind damit unerwünscht.

Wirbel sind energiereich
Wirbel sorgen für Vibrationen an den Rotorblättern, die ebenfalls die Leistung herabsetzen und auch zu ungewollten akustischen Phänomenen führen.

Plakat:
»Die Energiewende gestalten 2«
Deutscher Werkbund Bayern
DIN A1 hoch
stauss processform
2013

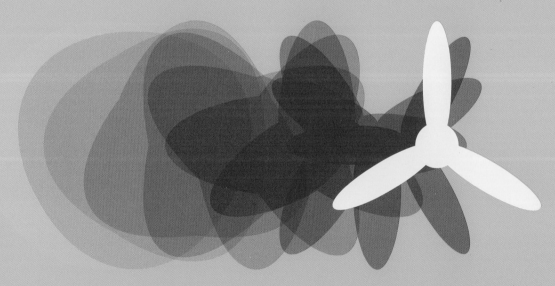

Deutscher Werkbund
Bayern e.V.
Nikolaiplatz 1b
80802 München
Telefon +49 (0)89 34 65 80
Telefax +49 (0)89 39 76 40
www.deutscher-werkbund.de

werk bund

Deutscher Werkbund und DGGL stehen für einen hohen Gestaltungsanspruch. Mit der Veranstaltungsreihe **Best Practice** setzen der Deutsche Werkbund Bayern e.V. und die Deutsche Gesellschaft für Gartenkunst und Landschaftskultur e.V. Bayern-Süd die im Jahr 2012 gestartete Veranstaltungsreihe **Die Energiewende gestalten** des Werkbunds jetzt fort.

Die Energiewende ist eine Herausforderung für die Gestaltung unserer Umwelt – für die Landschaft, die Städte und Dörfer. Der Zwang zur raschen Umsetzung der Energiewende birgt die Gefahr einseitiger, auf ökonomische Belange reduzierte Lösungen, bietet aber die Chance für eine nachhaltige Entwicklung unserer Energieversorgung sowohl ökologisch vorteilhaft als auch ästhetisch ansprechend. Hierfür bieten der Deutsche Werkbund Bayern und die DGGL Bayern-Süd ein Forum zur Präsentation und Diskussion.

Die Energiewende gestalten 2
Ökologisch notwendig
Politisch gewollt
Ästhetisch rücksichtslos

1 **Best Practice Wasserkraft**
01.10.2013
2 **Best Practice Solarenergie**
19.11.2013
3 **Best Practice Windkraft**
09.12.2013

jeweils um 18.00 Uhr
Oskar-von-Miller-Forum
Oskar-von-Miller-Ring 25
80333 München

Bitte melden Sie sich zu den Veranstaltungen per E-Mail unter bayern@deutscher-werkbund.de oder telefonisch unter der Nummer 089 34 65 80 an.

Die Energiewende gestalten 2

Deutsche Gesellschaft DGGL
für Gartenkunst und Landschaftskultur e.V.

Landeshauptstadt München Kulturreferat

Oskar von Miller Forum

SW//M

GRAPHISOFT.

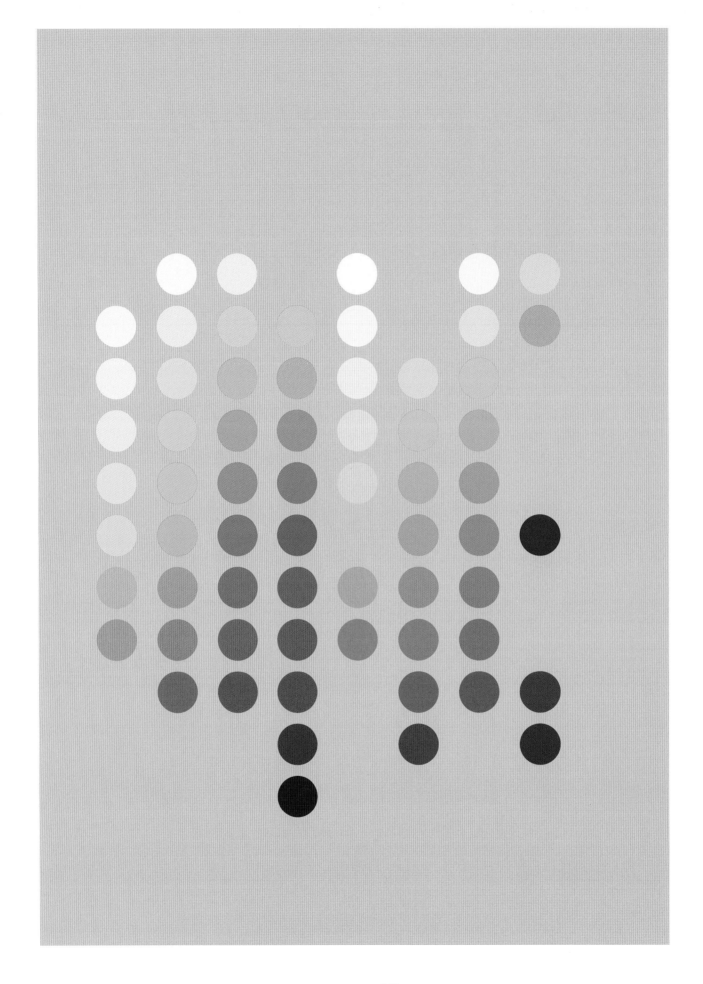

Corporate-Farbe(n)

Bei der Gestaltung der graphischen Elemente von Erscheinungsbildern taucht seitens der Kunden stereotyp der Wunsch nach einer Corporate-Farbe auf. Hier kann man eigentlich nur fragen: Warum nur eine? Warum nicht mehrere?

Für das Erscheinungsbild der Baierl & Demmelhuber Innenausbau GmbH in Töging hatte ich ein System von 64 Farben entwickelt und vorgeschlagen, das aus vier warmen und vier kalten Farben besteht und von stark gesättigten Tönen einerseits zu Pastelltönen und andererseits zu Grautönen führt.

Das Unternehmen ist breit aufgestellt und extrem vielfältig. Zudem kommen viele Kunden aus dem Bereich der Mode.

Ein Farbsystem kann diese komplexe Botschaft nonverbal kommunizieren. (KS)

baierl + demmelhuber

Plakat linke Seite:
Farbsystem
Baierl & Demmelhuber
Innenausbau GmbH
DIN A1 hoch
design stauss grillmeier
2008

Illustration rechte Seite:
Bildzeichen
und Schriftzug
Baierl & Demmelhuber
Innenausbau GmbH
design stauss grillmeier
2008

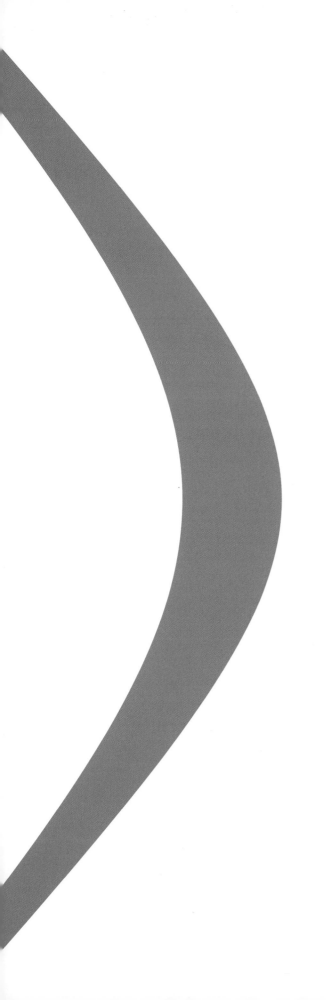

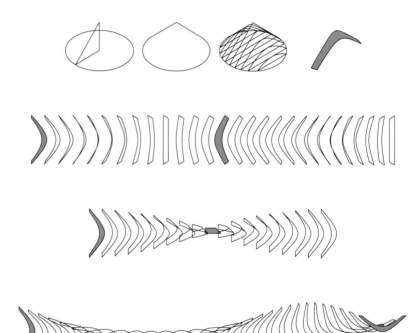

Geometrie 1

Die Möglichkeiten, Form präzise zu modellieren, sind für uns als Gestalter in den letzten Jahrzehnten aufgrund immer leistungsfähigerer CAD-Programme beständig gewachsen.

Gleichzeitig habe ich das Gefühl, dass unser formales Repertoire eher geschrumpft ist und wir auch verbal nicht besser geworden sind in unserem Bemühen, Form zu beschreiben.

Im Bereich von Kurven beschränken sich unsere Mittel in der Mehrzahl aller Gestaltungen auf Radien und Ellipsen und so bleiben uns die spannungsvollen Formen der Kegelschnitte Parabel und Hyperbel unbekannt. Von der Logik der Beziers-Kurven und NURBS-Geometrien ganz zu schweigen. (KS)

Illustration linke Seite:
Bildzeichen
Eva Demmelhuber
Integrated Architecture
stauss pedrazzini
2007

Illustration rechte Seite:
Ableitung
Bildzeichen
Eva Demmelhuber
Integrated Architecture
stauss pedrazzini
2007

Illustration nächste
Doppelseite:
Farbwelt
Eva Demmelhuber
Integrated Architecture
stauss pedrazzini
2007

Werkbund 2007

Im Jahr 2003 wurde ich Mitglied des Deutschen Werkbundes Bayern und der Verein stand mitten in den Vorbereitungen zu seinem Centennium im Jahr 2007. Als Teil der Arbeitsgruppe »Öffentlichkeitsarbeit« und später auch als Vorstand für diesen Bereich entwarf ich eine Eventmarke für diesen Anlass. Die Idee war, dass mit einem solchen Zeichen sowohl an die künstlerischen Haltungen, aus denen heraus der Werkbund gegründet wurde, erinnert werden sollte, als auch die Aktualität des Werkbundes nach 100 Jahren Wirkung dargestellt wird.

Das Plakat und die Event-Marke blieben ein Entwurf. Die Gestaltung polarisierte zu sehr und die Idee überlebte ein mehrstufiges Enscheidungsverfahren vom Landesverband bis zum Dachverband nicht. (KS)

Plakat:
Werkbund 2007
Deutscher Werkbund Bayern
DIN A1 hoch
stauss pedrazzini
2005

Eine Marke für ein Ereignis
Zweitausendundsieben? A - Eine
Zweitausendsieben? Oder etwa in arabi-
schen Zahlen, aber nach gregorianischem
Kalender: 2007? Vielleicht auch in neueren
hundertspielen bei Zweitausendsieben?
Man könnte auch den Begriff mit römischen
oder kalligraphie verbinden, aber was wird
schon am Gedenkterum und unserischem
Millennium? Dann? Mitleiden. MMVII.

Hundert Jahre Werkbund - Das in
der Reis. Glaser mal (es ist es auch) hoch
in der »Deutscher« der »Österreichischen«
über der Schweizerischen gehört in 19
Der Werkbund ist eine Idee und damit ein
im Möglungen geblieben. Geradedoch im
ersten Jahrzehnt des neuen Jahrtausend?
wa wird Sie europäische u. von sich am
mehrere Mitgliederstaaten erweitert. Da
Werkbund wird 100 Jahre 2007 - Wahnsinn
geschichtlich viel Jahr zum 1.2007 wird ein
hundertsten Geburtstag. Er möchte in nett
für zu diesem Anlaß - Zeichen setzen.

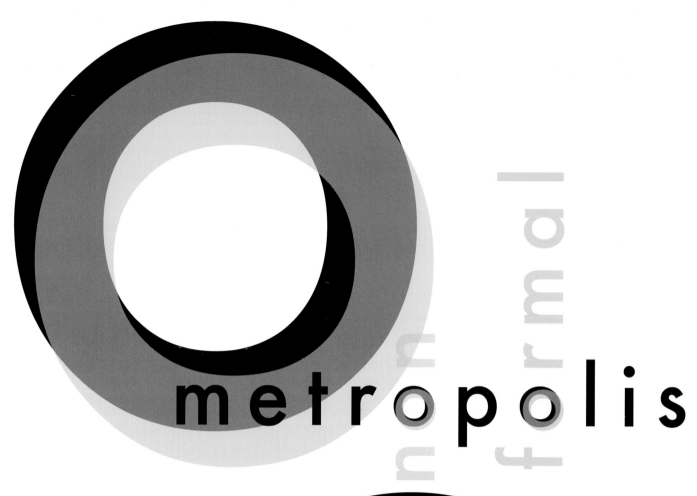

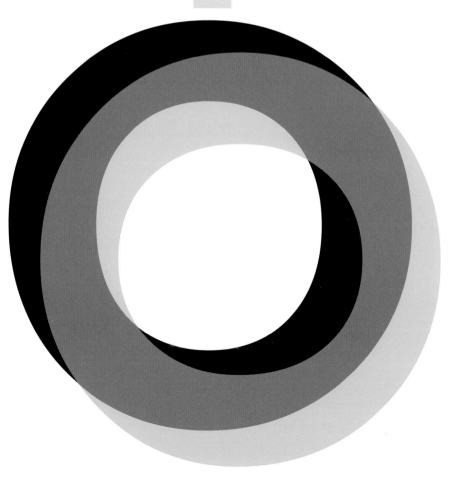

metropolis

non formal

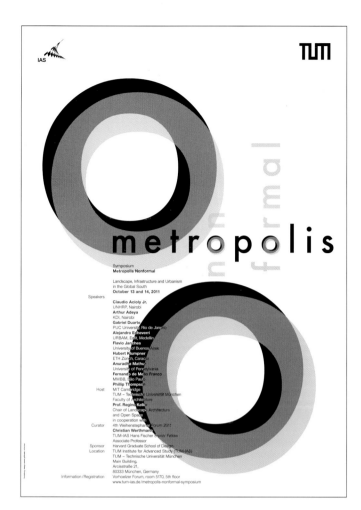

Plakat rechte Seite, links:
»metropolis nonformal«
Technische Universität München
DIN A1 hoch
design stauss grillmeier
2011

Plakat rechte Seite, rechts:
»metropolis nonformal – anticipation«
Technische Universität München
DIN A1 hoch
design stauss grillmeier
stauss processform
2013

Illustration linke Seite:
Logo »metropolis nonformal«
Technische Universität München
design stauss grillmeier
2011

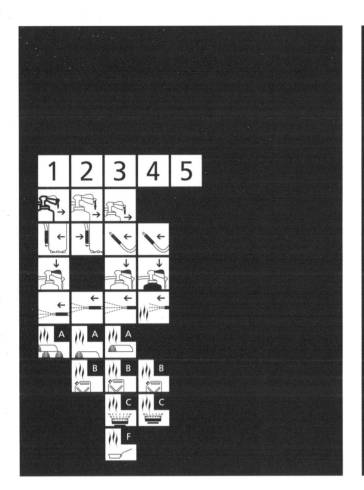

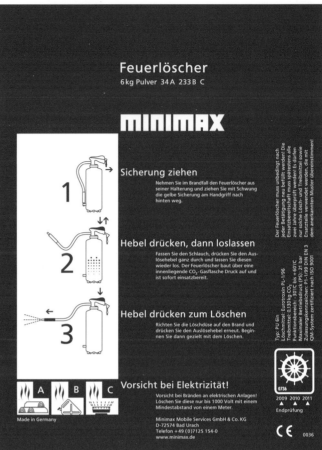

Feuerlöscher
6 kg Pulver 34 A 233 B C

MINIMAX

Sicherung ziehen

1 Nehmen Sie im Brandfall den Feuerlöscher aus seiner Halterung und ziehen Sie mit Schwung die gelbe Sicherung am Handgriff nach hinten weg.

Hebel drücken, dann loslassen

2 Fassen Sie den Schlauch, drücken Sie den Auslösehebel ganz durch und lassen Sie diesen wieder los. Der Feuerlöscher baut über eine innenliegende CO₂-Gasflasche Druck auf und ist sofort einsatzbereit.

Hebel drücken zum Löschen

3 Richten Sie die Löschdüse auf den Brand und drücken Sie den Auslösehebel erneut. Beginnen Sie dann gezielt mit dem Löschen.

Vorsicht bei Elektrizität!

Vorsicht bei Bränden an elektrischen Anlagen! Löschen Sie diese nur bis 1000 Volt mit einem Mindestabstand von einem Meter.

Made in Germany

Minimax Mobile Services GmbH & Co. KG
D-72574 Bad Urach
Telefon +49 (0)7125 154-0
www.minimax.de

Typ: P U 6in
Löschmittel: Eurotroxin PL-1/96
Treibmittel: 0,130 kg CO₂
Funktionsbereich: -30°C bis +60°C
Maximaler Betriebsdruck (PS): 21 bar
Zulassungskennzeichen: P1-1/99 DIN EN 3
QM-System zertifiziert nach ISO 9001

Der Feuerlöscher muss unbedingt nach jeder Betätigung neu befüllt werden! Die Einsatzbereitschaft muss spätestens alle zwei Jahre überprüft werden! Es dürfen nur solche Löschmittel, Treibmittel sowie Ersatzteile verwendet werden, die mit dem anerkannten Muster übereinstimmen!

2009 2010 2011
Endprüfung

CE 0036

Illustrationen:
Entwürfe Produktgraphik und Produktübersicht
Minimax Handfeuerlöscher
Minimax Mobile Services Gmbh & Co. KG
design stauss grillmeier
2008

Photos:
Endergebnis Produktgraphik
Minimax Handfeuerlöscher
Minimax Mobile Services Gmbh & Co. KG
design stauss grillmeier
2008

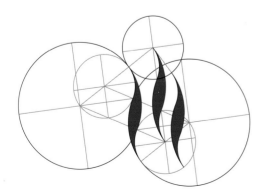

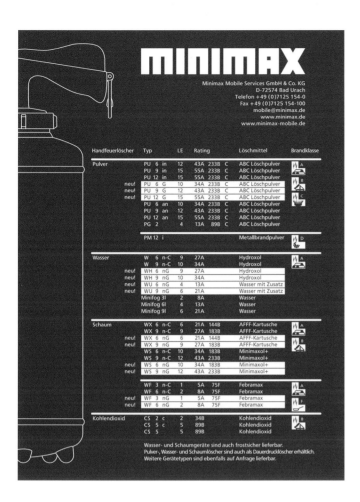

minimax

Minimax Mobile Services GmbH & Co. KG
D-72574 Bad Urach
Telefon +49 (0)7125 154-0
Fax +49 (0)7125 154-100
mobile@minimax.de
www.minimax.de
www.minimax-mobile.de

Handfeuerlöscher	Typ	LE	Rating	Löschmittel	Brandklasse
Pulver	PU 6 in	12	43A 233B C	ABC Löschpulver	A
	PU 9 in	15	55A 233B C	ABC Löschpulver	B
	PU 12 in	15	55A 233B C	ABC Löschpulver	C
neu!	PU 6 G	10	34A 233B C	ABC Löschpulver	
neu!	PU 9 G	12	43A 233B C	ABC Löschpulver	
neu!	PU 12 G	15	55A 233B C	ABC Löschpulver	
	PU 6 an	10	34A 233B C	ABC Löschpulver	
	PU 9 an	12	43A 233B C	ABC Löschpulver	
	PU 12 an	15	55A 233B C	ABC Löschpulver	
	PG 2	4	13A 89B C	ABC Löschpulver	
	PM 12 i			Metallbrandpulver	D
Wasser	W 6 n-C	9	27A	Hydroxol	A
	W 9 n-C	10	34A	Hydroxol	
neu!	WH 6 nG	9	27A	Hydroxol	
neu!	WH 9 nG	10	34A	Hydroxol	
neu!	WU 6 nG	4	13A	Wasser mit Zusatz	
neu!	WU 9 nG	6	21A	Wasser mit Zusatz	
	Minifog 3l	2	8A	Wasser	
	Minifog 6l	4	13A	Wasser	
	Minifog 9l	6	21A	Wasser	
Schaum	WX 6 n-C	6	21A 144B	AFFF-Kartusche	A
	WX 9 n-C	9	27A 183B	AFFF-Kartusche	B
neu!	WX 6 nG	6	21A 144B	AFFF-Kartusche	
neu!	WX 9 nG	9	27A 183B	AFFF-Kartusche	
	WS 6 n-C	10	34A 183B	Minimaxol+	
	WS 9 n-C	12	43A 233B	Minimaxol+	
neu!	WS 6 nG	10	34A 183B	Minimaxol+	
neu!	WS 9 nG	12	43A 233B	Minimaxol+	
	WF 3 n-C	1	5A 75F	Febramax	A
	WF 6 n-C	2	8A 75F	Febramax	F
neu!	WF 3 nG	1	5A 75F	Febramax	
neu!	WF 6 nG	2	8A 75F	Febramax	
Kohlendioxid	CS 2 c	2	34B	Kohlendioxid	B
	CS 5 c	5	89B	Kohlendioxid	
	CS 5	5	89B	Kohlendioxid	

Wasser- und Schaumgeräte sind auch frostsicher lieferbar.
Pulver-, Wasser- und Schaumlöscher sind auch als Dauerdrucklöscher erhältlich.
Weitere Gerätetypen sind ebenfalls auf Anfrage lieferbar.

Produktgraphik

Der zeitgenössische Mensch ist von vielen Objekten umgeben, die er in bestimmten Fällen bedienen können muss, ohne jemals geschult worden zu sein oder sich selbst mit dem Gerät in Ruhe auseinandergesetzt zu haben. So können (möglicherweise gefährliche) Fehlbedienungen vermieden und (im Falle von Handfeuerlöschern) Leben und Werte gerettet werden.

Die Bedienung solcher allgemein bekannten Löschgeräte ist durchaus erklärungsbedürftig, da sie zwei Klassen angehören können (»Dauerdrucklöscher« oder »Aufladedrucklöscher«).

Letztere sind besser, aber etwas komplizierter in der Handhabung, besitzen aber eine größere Löschleistung, wenn sie korrekt bedient werden.

Hier ist es die Aufgabe des *communication design*, über Text, Typographie, Satz, Piktogramme und Illustrationen die Nutzer so effizient wie möglich anzuleiten.

Die Qualitätsführerschaft von Minimax wurde für alle Klassen und Typen durchgängig unterstrichen. (KS)

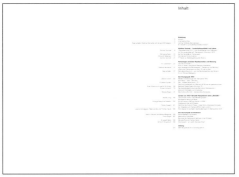

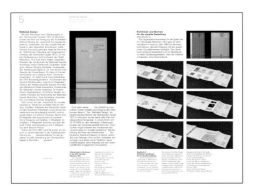

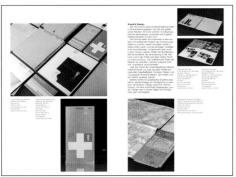

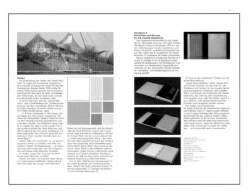

40 Jahre Olympiapark

Die Olympischen Sommerspiele 1972 in München sind mit ihrer Haltung, ihrem Erscheinungsbild, ihren Bauten, dem Park und mit ihrer Ausstattung einer der größten gestalterischen Meilensteine in der Geschichte der Bundesrepublik Deutschland. Weder davor und vor allem niemals wieder danach wurde so interdisziplinär und im Sinne der Demokratie entworfen und geplant.

Obwohl vor allem der Park und die Bauten im Zentralbereich noch existieren, ist der Bestand 40 Jahre nach der Inbetriebnahme durch vielfältige Überformungen und vielfach falsche Nutzung gefährdet. Vom »Maßstab Design« – dem graphischen Erscheinungsbild, den Piktogrammen, der Beschilderung, den temporären Bauten und der Möblierung ist so gut wie nichts mehr vorhanden.

Initiiert von Prof. Regine Keller veranstaltete die Technische Universität München im Oktober 2012 das Symposium »40 Jahre Olympiapark« unter großer internationaler Beteiligung. Die Ergebnisse wurden in der Buchveröffentlichung »Demokratisches Grün – 40 Jahre Olympiapark München« zusammengefasst, das im Jovis Verlag, Berlin, im Jahr 2013 erschienen ist (ISBN 978-3-86859-230-6). (KS)

Abbildungen linke und rechte Seite: Logo, Plakat und Grundsatzgestaltung der Buchveröffentlichung »Demokratisches Grün – 40 Jahre Olympiapark München« sowie Beitrag »Maßstab Design – Spiele München 72« Technische Universität München design stauss grillmeier 2012

Stefanie Hennecke,
Regine Keller,
Juliane Schneegans
(Hg.)
Demokratisches
Grün
Olympiapark
München
jovis
Stefanie Hennecke, Regine Keller, Juliane Schneegans (Hg.)
jovis

Aschering
Maising
Niederpöcking
Pöcking
Possenhofen
Seewiesen
Gemeinde Pöcking

Abbildung linke Seite links:
Gemeinde Pöcking
Schriftzug
Der in der Trade Gothic Medi-
um und Trade Gothic Bold 2
neu gestaltete Schriftzug der
Gemeinde Pöcking nennt zu-
erst alphabetisch alle Orts-
teile und summiert dann zur
Gemeinde Pöcking.

Illustration linke Seite rechts:
Gemeindekarte Pöcking
(Bebauung), Gemeindekarte
Pöcking (Bebauung und To-
pographie) sowie Gemeindekarte Pöcking (Bebauung,
Topographie und Flächen)
stauss pedrazzini
in Projektgemeinschaft mit
SchwaigerWinschermann
2007

Illustration rechte Seite:
Gemeindekarte Pöcking
Gesamtkarte
stauss pedrazzini
in Projektgemeinschaft mit
SchwaigerWinschermann
2007

Pöcking liegt am Starnberger See – aber nicht nur

Im Jahr 2007 arbeiteten wir in Partnerschaft mit dem Münchner Büro SchwaigerWinschermann im Auftrag der Firma Huber Media Professionals am Erscheinungsbild der Gemeinde Pöcking am Starnberger See.

Die Analyse des Bestandes ergab drei größere Problemfelder. Erstens besitzt Pöcking mit den Nachbargemeinden Starnberg, Tutzing und Feldafing starke Konkurrenten. Zweitens wird die Gemeinde Pöcking, die aus der Eingemeindung von sechs Ortsteilen in den 1980er Jahren entstanden ist, oft mit dem Ortsteil Pöcking verwechselt. Und drittens liegt die Gemeinde Pöcking zwar am Starnberger See, reicht aber mit ihrem Gebiet fast bis an den Ammersee und hat mit dem eiszeitlichen Hügelland, den Wäldern, Moorseen und Schluchten noch einiges mehr zu bieten.

Es lag deswegen nahe, eine neue Gemeindekarte zu gestalten. Diese sollte sowohl nach innen kommunizieren und die Identität der Gemeinde an sich stärken, als auch nach außen kommunizieren und den Betrachtern die Struktur, die Landschaft und die Potenziale des Gemeindegebietes vermitteln.

Der Gestaltungsprozess der Karte war kompliziert. Beim Landesvermessungsamt Bayern wurde eine sogenannte »Punktewolke« mit Vermessungspunkten der Topographie gekauft und in 3D-CAD-System übertragen. Über diese Punkte wurde im Computer eine Fläche gelegt und mit unterschiedlichen Beleuchtungen versehen, um eine optimale Schummerung des Reliefs zu erreichen. In einem nächsten Schritt differenzierten wir die Flächen von freiem Land, Wald, Wasser und Bebauung über Farben. Probleme traten beim Übernehmen der Straßen und Wege auf. Wir stellten fest, dass die Straßenbreiten in der Darstellung deutlich überhöht waren, vermutlich, um Autofahrern den Überblick zu erleichtern. Die neue Karte dient aber nicht primär dem Straßenverkehr, sondern eher den Passanten und Touristen. Die von uns durchgeführte Verringerung der Straßenbreiten in der Darstellung führte plötzlich zu einem luftigen und offenen Erscheinungsbild trotz höchster Detailtreue, schließlich bildeten wir alle Wege und auch kleinste Gewässer ab.

Diese sich nun seit sechs Jahren im Einsatz befindende Gemeindekarte wurde zu einem Knotenpunkt des Erscheinungsbildes der Gemeinde Pöcking und ist in und auf den unterschiedlichsten Medien zu finden (Touristischer Wanderführer »Tour Guide«, Touristische Beschilderung im Gemeindegebiet, Publikationen zum Kaiserin-Elisabeth-Museum, Webseite der Gemeinde). (KS)

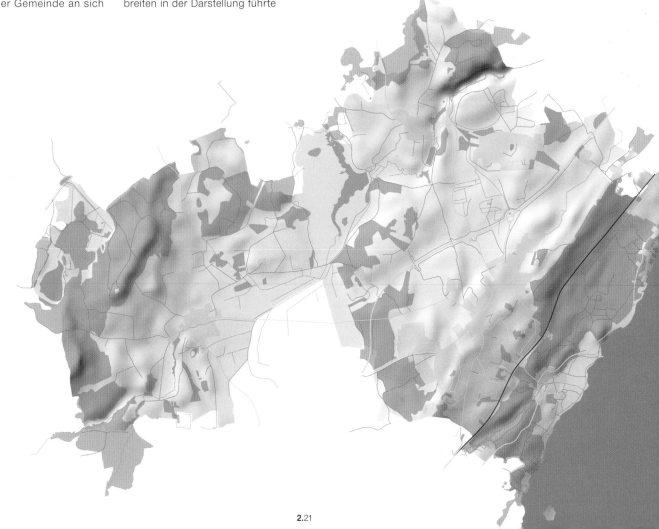

a |||||| g

a a a a a g g g g

Die **akademie für gestaltung im handwerk** bietet
allen an Form und Gestaltung interessierten
Handwerkern die Möglichkeit, sich fundiert ge-
stalterisch weiterzubilden und durch Zertifika-
tionskurse den Titel „Gestalter im Handwerk"
zu erwerben. Im Unterricht werden Kenntnisse
aus allen wichtigen Bereichen der Gestaltung
und Formgebung vermittelt. Vielfältige praktische
Arbeiten, Museumsbesuche und Exkursionen
sind wesentliche Bestandteile des Programms.

Zulassungsbedingung ist eine abgeschlossene
Lehre in einem gestaltenden Handwerksberuf.
Für die Teilnahme sind keine besonderen Vor-
kenntnisse erforderlich, da der Unterrichtsstoff
von der Basis her aufgebaut wird.

Der Lehrgang kann in zwei Jahren berufsbeglei-
tend oder als einjähriger Vollzeitkurs absolviert
werden. Nach erfolgreicher Teilnahme, Anfer-
tigung einer Abschlussarbeit und bestandener
Prüfung erwerben die Teilnehmer den geschütz-
ten Titel „Gestalter im Handwerk". Lehrgangs-
beginn des zweijährigen, berufsbegleitenden
Kurses ist immer Anfang September, des einjährigen Vollzeitkurses ist immer Anfang August.

**akademie für gestaltung
im handwerk**
Akademien des Handwerks
Mühldorfstr. 4
81671 München
Telefon 089 51 19 - 0

 HWK

Akademie für Gestaltung im Handwerk

Von 1999 bis 2007 arbeitete ich als Dozent an der Akademie für Gestaltung der Handwerkskammer für München und Oberbayern im Fach »Dreidimensionale Gestaltung«. Hier können Interessierte aus dem gestaltenden Handwerk über einen einjährigen Vollzeit- oder einen zweijährigen berufsbegleitenden Kurs den Titel »Gestalter im Handwerk« erwerben.

Die Klassen waren sowohl von den Berufen als auch vom Alter und Kenntnisstand her erfrischend heterogen. Dadurch wurde die Interdisziplinarität enorm gefördert. Die Teilnehmer produzierten oft exzellente Ergebnisse, die auch mit Preisen bei renommierten überregionalen Wettbewerben ausgezeichnet wurden.

Da es kein zur Qualität der Ausbildung adäquates Erscheinungsbild gab, entwickelte ich zusammen mit meinem Dozentenkollegen Gabriel Weber Grundelemente für die graphische Kommunikation sowie dieses Plakat. (KS)

Plakat:
Akademie für Gestaltung im Handwerk
Handwerkskammer
für München und Oberbayern
DIN A1 hoch
stauss pedrazzini
in Projektgemeinschaft mit
Raus+Weber
2002

Kapazität	menue
Leckage-Test	060102
Maßeinheiten	14:20
Messdaten-Verwaltung	Start
Messparameter	
Messvorgang	>>
Mikro-Justage	Zurück
Normalisierung	
Oberflächenparameter	>>

Messdaten-Verwaltung	menue
Ablage	060102
Bereitstellung	14:21
Clearing	Start
Datenformat	
Elemente	>>
Funktionsablauf	Zurück
Giga-Bytes	
Hauptfunktionen	>>

P1: Gehäuse — full
060102 — 14:20
1 2 3
füllen 5:0 Stop
00:26 sec >>
Druck Menü
3.425 bar >>

P1: Gehäuse — full
060102 — 14:21
2 3 4
Start
Ja 101% >>
Menü
01.72 ml >>

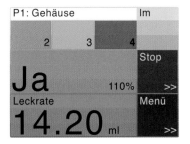

P1: Gehäuse — lm
2 3 4
Stop
Ja 110% >>
Leckrate Menü
14.20 ml >>

ssm 2
18% 52% 30%
Start
Nein 115% >>
Leckrate Menü
18.35 ml >>

sgrfx
füllen 5:0 Stop
03:15 sec >>
Druck Menü
3.806 bar >>

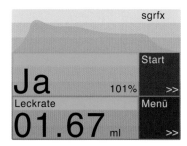

sgrfx
Start
Ja 101% >>
Leckrate Menü
01.67 ml >>

3	3.802 bar	
4	3.675 bar	
5	3.796 bar	
6	3.823 bar	Stop
7	1.239 bar	
		>>
		Menü
		>>

3	3.802 bar	list
4	3.675 bar	
5	3.796 bar	
6	3.823 bar	Start
7	3.809 bar	
		>>
		Menü
		>>

40	bgrfx
35	02:58
30	2.8 bar
25	Stop
20	
15	>>
10	Menü
05	
00	>>

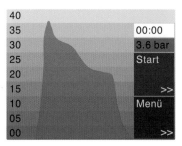

40	
35	00:00
30	3.6 bar
25	Start
20	
15	>>
10	Menü
05	
00	>>

Interface Design

Im Jahr 2006 bekamen wir den Auftrag, für ein Dichtheitsprüfungsgerät der H. Schreiner GmbH ein neues Gerätedesign und Interface zu entwerfen. Solche Geräte werden beispielsweise im Flugzeug- und Fahrzeugbau zur Kontrolle der Dichtheit von sicherheitsrelevanten Elementen wie Hydraulik-Leitungen und Bremssystemen eingesetzt und werden sowohl in der Entwicklung als auch bei der Kontrolle von Serienbauteilen verwendet.

Die den Test durchführenden Personen kontrollieren oft eine Vielzahl von parallel stattfindenden Testvorgängen. Deswegen muss das jeweilige Dichtheitsprüfungsgerät visuell eindeutig und weithin wahrnehmbar das jeweilige Testergebnis sowie den Status des aktuellen Prüfzyklus kommunizieren.

Da das Gerät nicht nur über eine Computerschnittstelle, sondern auch direkt ausgelesen werden sollte, das Gerät insgesamt relativ klein und die zu kommunzierenden Inhalte vielfältig waren, schlugen wir den Einbau eines neuen, hochauflösenden Farbmonitors vor.

Für die Darstellung der Inhalte wurden Szenarien entwickelt, die in Sequenzen bestimmte Inhalte des Prüfzyklus oder der Prüfergebnisse darstellten.

Die manuellen Eingabemöglichkeiten waren auf ein *Jog Wheel* mit *Push*-Funktion sowie zwei frei belegbare Universaltasten beschränkt. (KS)

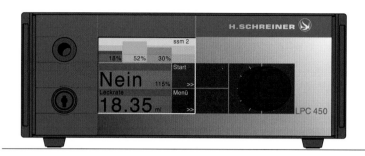

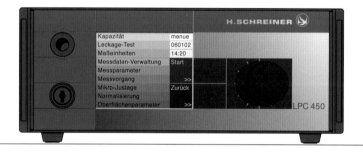

2001
Im Oktober erscheint der erste iPod von Apple.

2007
Im Juni wird das iPhone 1 von Apple vorgestellt.

Als der erste iPod von Apple herauskam, war ich von dem Interface begeistert, denn das Listenmenü ohne Piktogramme und Symbole war schnell und intuitiv bedienbar und wandte sich meiner Meinung nach direkt an die Generation der *Digital Natives*, die keine visuellen Referenzen mehr an eine alte Gerätewelt brauchten. Der iPod hatte nichts von einer Stereoanlage, einem CD-Spieler oder einem *Walkman* und bemühte diese Bilder auch nicht im Interface.

Er war also gegen jedes Marketinggesetz erfolgreich, ohne auch nur eine Reminiszenz an die alte Welt oder ein typologisches Relikt in sich zu tragen. Ich fand dies revolutionär.

Deswegen war ich vom ersten iPhone enttäuscht, das im Interface vergleichsweise konservativ gestaltet worden war.

Apple schloss erst im Jahr 2013 mit dem Betriebssystem iOS 7 wieder an die Qualitäten von 2001 an.

Abbildungen
linke Seite:
Szenarien
Interface LPC 450
H. Schreiner GmbH
stauss pedrazzini
2006

Abbildungen
rechte Seite:
Gehäusedesign
LPC 450
H. Schreiner GmbH
stauss pedrazzini
2006

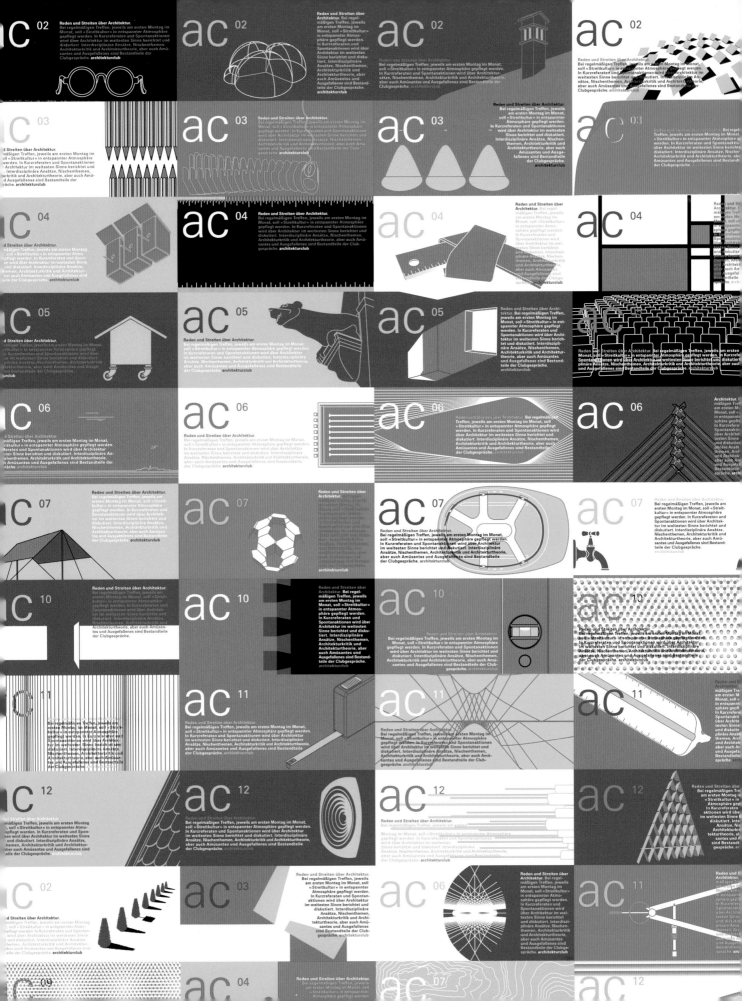

Abbildungen:
Veranstaltungskarten
»Architekturclub«
Bayerische Architektenkammer
210 mm · 99 mm
stauss pedrazzini
2004 – 2007
stauss grillmeier
2008 – 2011
stauss processform
2014

Im Herbst 2003 trat Oliver Heiss, einer der Geschäftsführer der Bayerischen Architektenkammer mit der Anfrage für ein Erscheinungsbild zu einer Veranstaltungsreihe an mich heran. Die Eventreihe sollte »Architekturclub« genannt werden und hatte zum Ziel, an jedem ersten Montag im Monat ein Podium für zwei Protagonisten/Kontrahenten zu bieten, die sich zu einem bestimmten Thema »sportlich« verbal austauschen wollten. Schon die erste Veranstaltung mit dem Dialog zwischen dem Architekten Stephan Braunfels und dem Künstler Olaf Metzel war spektakulär.

Später wurde die Veranstaltungsreihe teilweise zahmer und friedlicher fortgeführt, beispielsweise mit Filmvorführungen und Vorträgen.

Das Problem in der Gestaltung dieser Karten lag darin, dass die Veranstaltungen schon weit im Vorfeld angekündigt werden sollten, zu diesen Zeitpunkten aber oft die Podiumsteilnehmer, Vortragenden und Inhalte noch nicht bekannt waren. Wir entwickelten die Idee einer Illustrationsreihe mit Motiven, die im weitesten Sinne mit Fragen des Raumes, des Bauens, der Gestaltung und der Gesellschaft zu tun haben, aber unspezifisch genug bleiben, um mit jedem Inhalt verknüpft werden zu können.

So konnten die Kartenvorderseiten jedes Jahr in hoher Qualität in vier Sonderfarben und Schwarz im Voraus als Serie auf einem Druckbogen produziert werden. Die Texte der Kartenrückseiten wurden dann kurz vor der jeweiligen Veranstaltung individuell in Schwarz gedruckt.

Die durchaus positive Rezeption der Karten war verblüffend. Oft wurden wir konkret darauf angesprochen, wie gut es uns doch gelungen wäre, ein bestimmtes Thema zu illustrieren oder zu karikieren, dabei war die Verknüpfung der Inhalte mit den Illustrationen purer Zufall. Dieses Paradoxon, dass Zufälliges besser klappt als Geplantes, beschäftigt uns seitdem. (KS)

Ansicht von Westen

130

Bestandsbauten **Transformieren**

Bestandsbauten **Konservieren**

Folgende Maßnahmen wurden ausgef...
Alle Fassadenelemente wurden gereinig...
neu gedämmt und isoliert, die Fenster...
ben ersetzt. Die Tragwerkskonstruktion a...
dem Dach erhielt ein belüftetes Gehäus...
zum Schutz vor Feuchtigkeit. Verschweiß...
Edelstahlplatten dichten das Dach ab. Der...
Brandschutz wurde modernisiert durch Druck...
belüftung der Treppenhäuser mit Schleusen...
situation vor den Eingängen. Anstelle fest...
verglaster Fenster verbessert ein Ausstell...
fenster in jeder dritten Achse die Belüftung...
der Arbeitsräume. Ein neues Lamellensys...
tern und Tageslicht gesteuerte Leuchten...
übernehmen die Belichtung der Arbeitsplätze...
Sonnenschutzgläser wurden unsichtbar auf...
die Rahmen geklebt. Die Stöße der unter...
schiedlichen Bauelemente wurden gegen...
...ringendes Wasser abgedichtet. Die Auf...
Turmschaft wurden erneuert, ihre
...miert.

Südfassade
Maßstab 1:1000

Bestand
Umbau

Photos vorherige
und diese Doppelseite:
Buch
»Erhalten, Deuten und Wandeln von
Bauten der Jahre 1950 bis 1975,
Konservieren – Interpretieren –
Transformieren«
Graphische Konzeption,
Layout und Satz
DIN A4 hoch
156 Seiten
Bayerische Architektenkammer
Arbeitsgruppe
»Baubestand-Kulturdenkmal«
stauss processform
2014

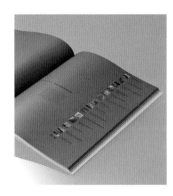

Relevanz

Design kümmert sich nicht um das Objekt allein, sondern vor allem um die Beziehung zwischen Mensch und Objekt. Oder im Bereich des *communication design* um die Beziehung zwischen Mensch und Information.

Von besonderer Bedeutung ist die Beziehung der Relevanz: Wie wichtig ist ein Objekt für den Nutzer, die Gesellschaft und die Umwelt? Wie wichtig ist eine bestimmte Information? Relevanz ist ein Maßstab.

Die gesellschaftliche Relevanz eines Problems und der dafür zu entwickelnden Lösung ist das wichtigste Argument für oder gegen den Start eines Designprozesses.

Der Abgleich von Relevanzsystemen bedeutet die Suche nach der Schnittmenge zwischen einer individuellen und einer allgemeinen Relevanz. Es ist eine der Aufgaben des Design, eine möglichst große Schnittmenge der Relevanzen vieler Beteiligter zu erzeugen.

Im Bereich der Tradition ist die Aufgabe des Designs der Abgleich der Relevanzsysteme aller Beteiligten. Was erkennen alle als wichtig an? Design ist nicht l'art pour l'art, sondern ein pluralistischer Prozess unter Beteiligung vieler. Ziel des Prozesses ist der Dialog, die Verständigung und die Einigung. Dies gilt beispielsweise für Projekte in den Bereichen *communikation design* und Leit- und Orientierungssysteme.

Im Bereich der Innovation ist die Aufgabe des Designs die Konfrontation aller Beteiligten mit neuen, individuellen Relevanzsystemen durch Kommunikation. Ziel des Prozesses ist hier die Antithese und Entwicklung. Hier sind technische Innovationen als Beispiele zu nennen.

Die Problem- und Lösungsorientierung von Designprozessen führt dazu, dass Design selbst zum Medium wird, in dem interdisziplinäre Verknüpfungen verschiedenster Inhalte und Anforderungen geschaffen werden. Design ist kein Beruf, sondern eine Methode. Das Ziel ist die Synthese.

Design wird in der Allgemeinheit oft auf das Relevanzsystem der Ästhetik reduziert, tatsächlich sind die Leistungen der Designer aber weit umfangreicher und liegen in anderen Bereichen.

Aktuell sollten uns drei Themen weltweit vorrangig beschäftigen: Die Energiefrage, die soziale Frage und die ökologische Frage. Die Relevanz dieser Themen ist gegenwärtig wesentlich höher als die Relevanz der Ästhetik, denn die Beantwortung dieser Fragen ist existenziell. Die Ästhetik ist kein Ersatz für das Lösen dieser Probleme. Wir können mit ihr nichts kompensieren. Dies bedeutet nicht, dass ästhetische Arbeit keine Relevanz mehr hat. Aber sie wird für Designer zu einer Aufgabe unter vielen.

Die Suche nach Relevanz ist ein Mechanismus der Kommunikation. Alle an einem Prozess Beteiligten bringen ihr Wissen und ihre Erfahrungen ein und suchen durch Kommunikation nach Gemeinsamkeiten, beispielsweise bei Bedürfnissen, Wünschen, Begriffen und Bildern. Daraufhin werden diese bewertet. Teilen alle ein Problem, so wird kollektiv entschieden, an einer Lösung zu arbeiten.

Nicht alle Lösungsansätze werden gleich bewertet und führen zum Konsens. Manche verstören und bedürfen der Erläuterung. Über Kommunikation kann das individuelle Relevanzsystem einer bestimmten Lösung zu einem allgemeinen, in der Gruppe geteilten Relevanzsystem werden.

So führt Design durch seine Dialogorientierung dialektisch über gemeinsame Problemerkennung, Thesen und Antithesen zu Entwürfen und Entwicklung, zu den gewünschten Synthesen. (KS)

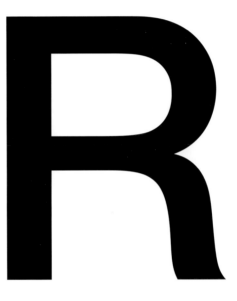

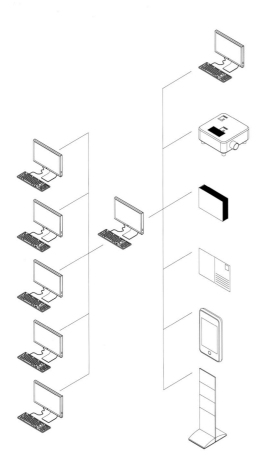

Database-Publishing

Für den Wettbewerb »Architektouren« der Bayerischen Architektenkammer entwickelten wir ein datenbankgestütztes Redaktionssystem, das die Veröffentlichung der Ergebnisse des Wettbewerbs in unterschiedliche Kanäle deutlich vereinfachte.

In einem ersten Schritt wurde die Wettbewerbseinreichung von einer zentralen Redaktions- und Sammelstelle auf die Anmelder selbst verlagert, die ihre Beiträge nun über eine von uns neu entwickelte, webbasierte Eingabemaske selbst auf einen Projektserver hochladen mussten.

In einem zweiten Schritt wurde die Jurierung selbst *browser*basiert umgesetzt. Damit hat der Auslober die Wahl, die Jury an einem Ort zusammenzurufen oder diese die Einreichungen dezentral bewerten zu lassen.

In einem dritten Schritt wurden die gewünschten Medien für die Veröffentlichung so gestaltet, dass diese durch in einem vierten Schritt programmierte Routinen automatisch befüllt werden konnten.

Dieses nun seit 2010 kontinuierlich bei der Bayerischen Architektenkammer eingesetzte crossmediale System sorgt bei einfacher Handhabung für die Erstellung der Jurypräsentation, der Projektwebseite, der Broschüre im Format DIN A6 quer, der Projektpostkarten im Format DIN A6 quer, der Verknüpfungen mit einer von einer anderen Agentur umgesetzten *Smartphone-App* und aller Projektplakate im Format DIN A1 hoch.

Für uns waren zwei Ergebnisse nach Abschluss des Projektes überraschend: Erstens, dass viele Leser das Layout für handgestaltet hielten. Zweitens, dass trotz ähnlicher Routinen und gleicher Inhalte die unterschiedlichen Medien ihre eigene Kraft entfalteten und kein Gefühl von Redundanz aufkam.

In Zukunft wird datenbankgestütztes Publizieren jenseits monofunktionaler *Content-Management*-Systeme noch eine sehr wichtige Rolle spielen. Datenbanken werden zum digitalen Gedächtnis von Unternehmen und zur Sammlung aller zu kommunzierenden Inhalte. (KS)

Photo linke Seite:
Booklets
»Architektouren«
Bayerische Architektenkammer
design stauss grillmeier
2010

Illustration rechte Seite oben:
Crossmediales System
»Architektouren«
Bayerische Architektenkammer
design stauss grillmeier
2010

Photos rechte Seite Mitte:
Eingabemasken
»Architektouren«
Bayerische Architektenkammer
design stauss grillmeier
2010

Photo rechte Seite unten:
Webseite
»Architektouren«
Bayerische Architektenkammer
design stauss grillmeier
2010

3

spatial design

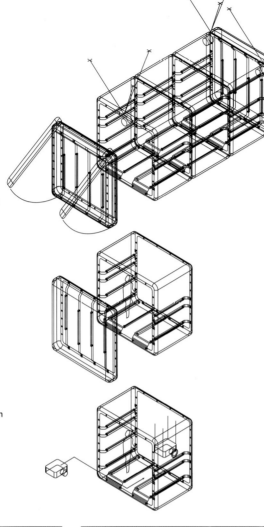

Lichtcontainer
U-Bahnhof »Hafencity Universität«
Hamburg
Hochbahn Hamburg
2006–2012

2006
Wettbewerb der Projektgemeinschaft
Raupach Architekten, München, pfarré
lighting design, München, und stauss
pedrazzini, München
1. Preis

2006–2007
Beginn der Planungen für die »Lichtcontainer« bei stauss pedrazzini, München, in Abstimmung mit den Wettbewerbspartnern

2006–2007
Fortführung der Planungen für die
»Lichtcontainer« bei design stauss grillmeier, München, in Abstimmung mit
den Wettbewerbspartnern

Ab der Leistungsphase 3 übernahm
das Lichtplanungsbüro d-lightvision,
München, die Fortführung der Lichtplanung von pfarré lighting design.

2012
Einweihung des U-Bahnhofes

Zeichnung linke Seite:
Lichtcontainer
U-Bahnhof »Hafencity Universität«
Hamburg
Wettbewerbszeichnung Konstruktion
Hochbahn Hamburg
stauss pedrazzini
2006

Photos linke Seite:
Lichtcontainer
U-Bahnhof »Hafencity Universität«
Hamburg
Raum-Modell Maßstab 1:17
Hochbahn Hamburg
Raupach Architekten
pfarré lighting design
stauss pedrazzini
2007

Abbildungen rechte Seite:
Lichtcontainer
U-Bahnhof »Hafencity Universität«
Hamburg
Renderings Konstruktionsalternativen
Hochbahn Hamburg
stauss pedrazzini
2007
design stauss grillmeier
2008

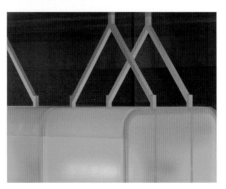

Architektur
ist Kommunikation

Zusammen mit dem Archi-
tekturbüro Raupach Architekten, München, und dem Lichtplanungsbüro pfarré lighting
design, München, nahmen wir
im Jahr 2006 am Wettbewerb
zur U-Bahn-Haltestelle »Lohse-
park« (jetzt »Hafencity Universität« in Hamburg teil und erziel-
ten den 1. Preis.

Unsere Wettbewerbsidee
hatte mehrere Grundsätze. Erstens wollten wir eine mit der Spei-
cherstadt korrespondiere Mate-
rialität. Zweitens reizte es uns,
die Serialität der Überseecon-
tainer aufzunehmen, die den mo-
dernen Hafen bestimmen. Und
drittens hielten wir es für notwendig, die Enge eines typischen
Tunnelbahnhofes optisch auf-
zubrechen.

Dazu schlugen wir im Wett-
bewerbsentwurf von der Decke
abgehängte, von uns so be-

zeichnete »Leuchtcontainer« über dem Bahnsteig vor. Diese sollten wechselndes, farbiges Licht emittieren, welches sich in den dunkel schimmernden Stahlplatten der Wand- und Deckenverkleidung widerspiegeln sollte. Damit wurde eine optische Vergrößerung des Raumes in der Breite um den Faktor 3 und in der Höhe um den Faktor 2 erreicht.

Im Team war unsere Aufgabe die Konstruktion und Gestaltung der »Lichtcontainer«, die wir bis hin zur Ausführungsplanung durchführten.

In der Wettbewerbsphase gingen wir noch von einem transluzenten, selbsttragenden Schalenbauwerk aus Kunststofflaminat aus, wobei in der Entwurfphase zusätzlich Membrankonstruktionen und Stahl-Glas-Konstruktionen parallel überprüft wurden, letztere sowohl mit außenliegendem als auch mit innenliegendem Tragwerk.

Aus Gründen des Brandschutzes, der Ästhetik und der Kosten wurde in der Ausführungsplanung nur noch die Variante der Stahl-Glas-Konstruktion mit der innenliegenden Tragstruktur weiterverfolgt.

Die Container sind innen technisch aufwendig, da für die unterschiedlichen Lichtqualitäten in der Bahnsteigs- und der Zusatzbeleuchtung unterschiedliche Kompartments mit den entsprechenden Aufnahmen für die Leuchtmittel vorgesehen werden mussten. Zudem mussten die Container aus Gründen der Revisionierbarkeit von innen begehbar geplant werden. Ein zusätzlicher Aspekt war die Einbringung der Elemente in das Tunnelbauwerk. Festgelegte Maximalgrößen durften nicht überschritten werden, was zur Modularisierung der Container führte. (KS)

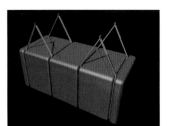
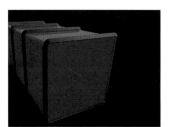

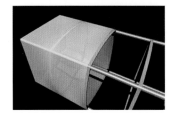
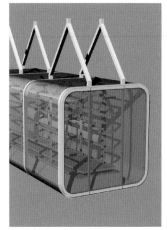

Zeichnung linke Seite:
Lichtcontainer
U-Bahnhof »Hafencity Universität«
Hamburg
Explosionszeichnung
der Konstruktion
design stauss grillmeier
Hochbahn Hamburg
2008

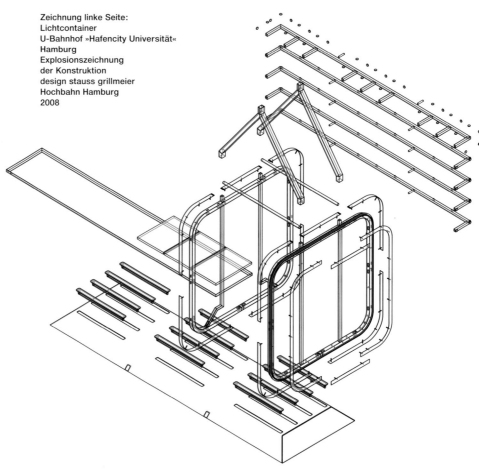

Die Gestaltung des U-Bahnhofes
»Hafencity Universität« in Hamburg mit dem interdisziplinären
Team aus Architekten, Licht-
planern und Designern war ein
komplexer Prozess. Bei der Gestaltung kamen alle zur Verfügung
stehenden Mittel zum Einsatz
(Skizzen, Collagen, Handzeich-
nungen, Modellbau, Photogra-
phie, CAD und Renderings),
denn die Bauherren mussten in
allen Planungsphasen immer
wieder davon überzeugt werden,
dass die formulierten Ziele auch
erreicht werden. Im Nachhinein
ist es verblüffend, wie nah die
Photographien des ersten Modells im Maßstab 1:17 (Seite **3**.02
und **3**.03) dem späteren Endergebnis kommen.

Zu diesem haben alle Ge-
werke in gleicher Weise beigetragen und eine Abgrenzung
von Einzelleistungen ist kaum
möglich. Eine Synthese wurde
erreicht. (KS)

Photographien:
U-Bahnhof »Hafencity Universität«
Hamburg
Hochbahn Hamburg
2012
Photographien Seiten 3.06 – 3.07
© Markus Tollhopf

**»Im Tempel des Ich –
Das Künstlerhaus als Gesamt-
kunstwerk Europa und Amerika
1800 – 1948«**

Das Museum Villa Stuck in München zeigte von November 2013 bis März 2014 die von Margot Th. Brandlhuber kuratierte Ausstellung zum Thema Künstlerhäuser. stauss processform übernahm das Ausstellungsdesign und die Konzeption aller Einbauten. Unsere Ziele waren dabei Folgende:

— Vermittlung der Architektur und Stimmung des jeweiligen Künstlerhauses über kulissenhafte Ausstellungsarchitektur, Farbe, Großphotographien und künstlerische Exponate
— Gestaltung der Eingänge zu den Ausstellungsstationen der jeweiligen Künstlerhäuser als abstrakte Architektursymbole (Portale), die die Haltung der Künstler und deren Epoche widerspiegeln
— Planung von Ausstellungselementen für das Atelierhaus und die historischen Räume in der Villa Stuck, die sensibel mit dem Bestand umgehen und die Villa Stuck als gastgebendes Künstlerhaus selbst feiern
— Aufbau einer dramaturgischen Raumfolge im eher ungerichteten *White Cube* des Atelierhauses (Erdgeschoss und 1. Stock)

Eine große Ellipse verbindet den Eingang im Westen mit der aus der Achse liegenden Wendeltreppe im Osten und schafft so einen großen Vorraum als Verteiler. In die Ellipsenwand sind vier unterschiedlich gestaltete Portale eingebaut, die zu den ersten Ausstellungsstationen führen. Jeder Eingang steht dabei für ein Künstlerhaus.

Am Ostende des Vorraumes steigt aus dem Fokuspunkt der Ellipse spiralig die Wendeltreppe empor und führt die Besucher auf die Galerie sowie in den ersten Stock des Atelierhauses.

Dort empfängt den Besucher eine weitere, angeschnittene Ellipse mit den Eingängen zu den weiteren Ausstellungsstationen.

Durch die nur 260 cm hohen Ausstellungseinbauten bewegen sich die Besucher zwar zwischen Künstlerhäusern, bekommen aber andererseits einen freien Blick auf die umgreifende Architektur der Villa Stuck.

Alle Einbauten berühren den Bestand kaum, sondern stehen autark und frei. Sie werden zu Kulissen im tiefen »Bühnenraum« der Villa Stuck. Die Besucher wandern von Szene zu Szene – immer bewusst, sich in einem bemerkenswerten Ensemble zu bewegen. (KS)

Photos linke Seite:
Ausstellung
»Im Tempel des Ich«
Villa Stuck
verschiedene Portale zu
den Ausstellungsstationen
im Rohbau
stauss processform
2013

Abbildung rechte Seite:
Ausstellung
»Im Tempel des Ich«
Villa Stuck
Isometrien der Planung
stauss processform
2013

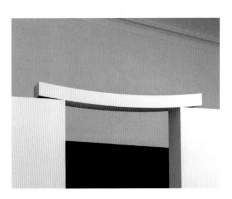

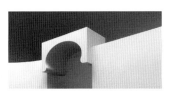

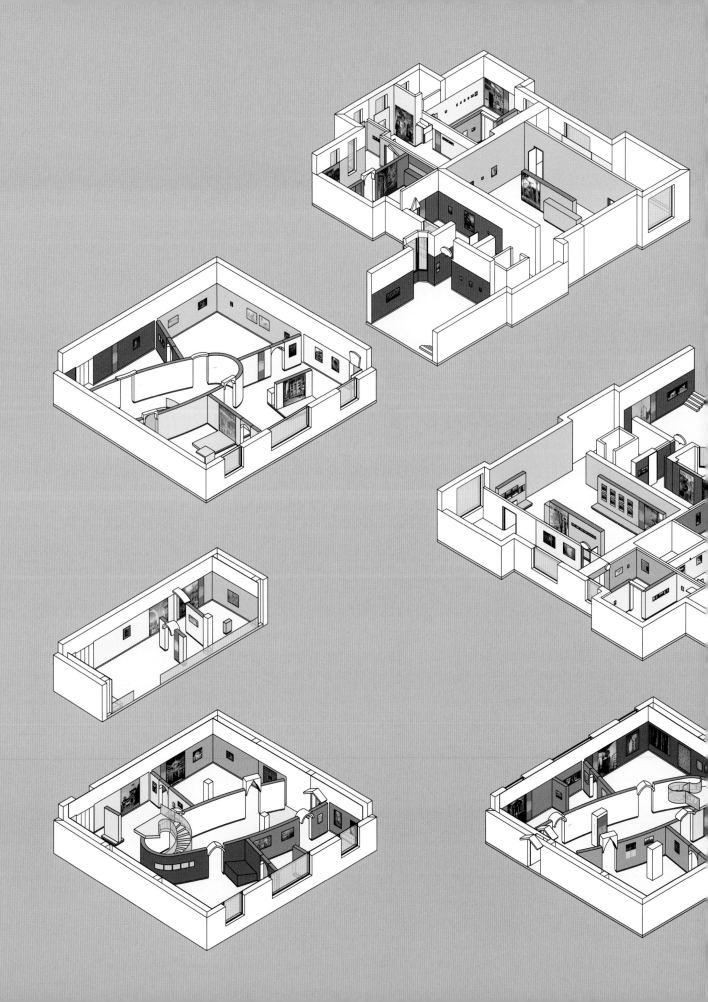

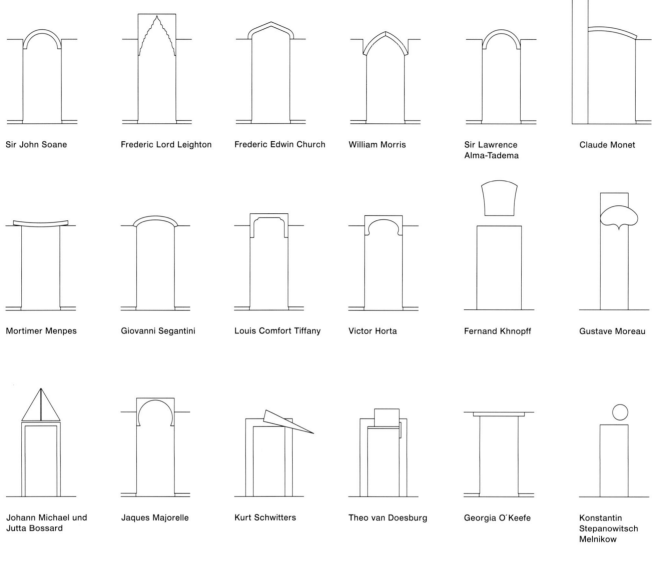

Sir John Soane

Frederic Lord Leighton

Frederic Edwin Church

William Morris

Sir Lawrence
Alma-Tadema

Claude Monet

Mortimer Menpes

Giovanni Segantini

Louis Comfort Tiffany

Victor Horta

Fernand Khnopff

Gustave Moreau

Johann Michael und
Jutta Bossard

Jaques Majorelle

Kurt Schwitters

Theo van Doesburg

Georgia O´Keefe

Konstantin
Stepanowitsch
Melnikow

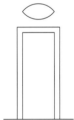

Max Ernst und
Dorothea Tanning

Zeichnungen linke Seite:
Ausstellung
»Im Tempel des Ich«
Villa Stuck
Portale zu den Ausstel-
lungsstationen
stauss processform
2013

Photo rechte Seite:
Ausstellung
»Im Tempel des Ich«
Villa Stuck
Detail Portal
Sir John Soane
stauss processform
2013

Polytheismus

Aufgrund des zu Projektbe-
ginn schon gesetzten Ausstel-
lungstitels »Im Tempel des Ich«
reizte uns die Vorstellung einer
Ansammlung miteinander kon-
kurrierender Ausstellungsstationen und wir fühlten uns an anti-
ken Polytheismus und die vielfältigen Tempel im öffentlichen
Raum erinnert.

Eine Phase der Auseinandersetzung mit der griechischen
Agora und dem römischen Forum folgte.

Die Idee wurde geboren, je-
den individuellen Kunsttempel
in der Ausstellung mit einem
zeichenhaften Portal auszustat-
ten, das – zum Teil auch mit ei-

nem Augenzwinkern – auf die
Künstlerin, den Künstler, die jeweilige Haltung und Epoche sowie auf das entstandene Haus
verwies.

Gleichzeitig war unser
Ziel, diese Gestaltungszitate
sehr abstrakt umzusetzen,
eher in der Form eines reduzier-
ten, dreidimensionalen Sym-
bols.

Es war am Ende überra-
schend, welche Kraft diese eher
beiläufigen Ausstellungselemente entfalteten und zu mar-
kanten Wegpunkten im Aus-
stellungslauf wurden. (KS)

Photos Seiten 3.12 – 3.17:
Ausstellung
»Im Tempel des Ich«
Villa Stuck
verschiedene Szenen
der Ausstellungsgestaltung
stauss processform
2013

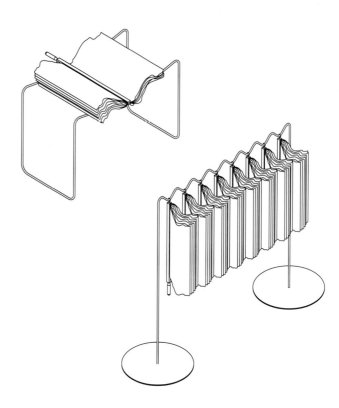

Single-Source

Heute spricht man von *Single-Source-* und *Multi-Channel-Publishing* und meint damit, dass der zu kommunizierende Kontent, die Botschaft, an nur einer Stelle gepflegt, aber in unterschiedliche Medienkanäle eingespeist wird.

Bei einem Ausstellungsprojekt der Bayerischen Architektenkammer mit dem Titel »Bauherrengeschichten«, mit dem die Erfahrungen von Bauherren in der Planung mit Architekten dargestellt werden sollten, war das Budget zu gering, um die Ausstellungsgraphik und zusätzlich einen Katalog erstellen zu können.

Diese Not brachte uns auf die Idee, statt eines Kataloges eine Zeitung zu gestalten und diese auszustellen, denn ein solches relativ niedrigschwelliges Medium wird von jedem gern in die Hand und mit nach Hause genommen.

Für die Präsentation ließen wir klassische Zeitungshalter aus Holz orange lackieren und entwickelten spezielle Präsentationsmöbel aus Stahldraht, in die die Zeitungen simpel gehängt oder gelegt werden konnten.

Ich erinnere mich, dass es auf der Vernissage zur ersten Ausstellung auffallend ruhig war und ich zuerst befürchtete, das Konzept würde nicht gut ankommen. Dann aber realisierte ich, dass jeder eine Zeitung in der Hand hatte und in schweigender Lektüre verharrte. Also alles gut.

Bei späteren Stationen der Wanderausstellung wurden dann Bögen der Zeitungen auf schnell zugeschnittene Wandpaneele aus MDF geleimt und dienten so als zusätzliche graphische Lese-Flächen.

Das Schöne an diesem Ausstellungskonzept war neben der Ästhetik das problemlose *handling*. Alles passte in einen kleinen Transporter und konnte leicht von einer Person auf- und abgebaut werden. *Low tech* sorgt für Zugänglichkeit. (KS)

Zeichnungen und Photos:
Ausstellungselemente und Zeitung
»Bauherrengeschichten«
Bayerische Architektenkammer
stauss pedrazzini
2005

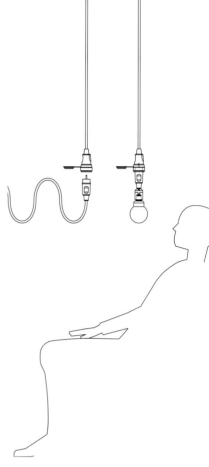

Zeichnung und Photos:
Interior Design
Friseursalon Monika Friedl
stauss pedrazzini
in Projektgemeinschaft
mit Peter Bohn + Assoziierte
2005

Wohlbefinden

Niemand geht gern zum Friseur. Dort ist man normalerweise gezwungen, sich mit nassen Haaren und in einen schwarzen Kunststoffumhang gewandet eine halbe Stunde im Spiegel zu betrachten. Die üblichen in die Decke eingebauten Downlights werfen einem harte Schlagschatten ins Gesicht, das war es dann mit dem makellosen Teint. Bei der Gestaltung für den neuen Friseursalon Monika Friedl im niederbayerischen Pfarrkirchen adaptierten wir deswegen die typische Frauenportraitbeleuchtung von Photographen, die weich von den Seiten geführt wird. Im Rasterabstand von 125 cm wurden schwarze Gummikabel von der Decke abgehängt, die in verriegelbaren schwarzen Industrie-Schuko-Steckdosen münden. In diese setzten wir matte, kugelförmige Energiesparleuchten mit E27-Schraubfassungen und Schukosteckern ein. So ist neben der Beleuchtung ein weiteres Problem gelöst worden: Die Friseure können nun Elektrogeräte wie Rasierer, Föns und Trockenhauben hinter dem Kunden frei im Raum einstecken und stören diesen nicht mehr mit dem Kabel. Diese Gestaltung ist in Pfarrkirchen für die Bevölkerung zeichenhaft geworden: Heute geht man dort zum Friseur, »wo die Glühbirnen hängen« und »alles grün ist«. Das innovative Konzept, das seit fast einem Jahrzehnt im Einsatz ist, erreicht eine breite Zielgruppe. (KS)

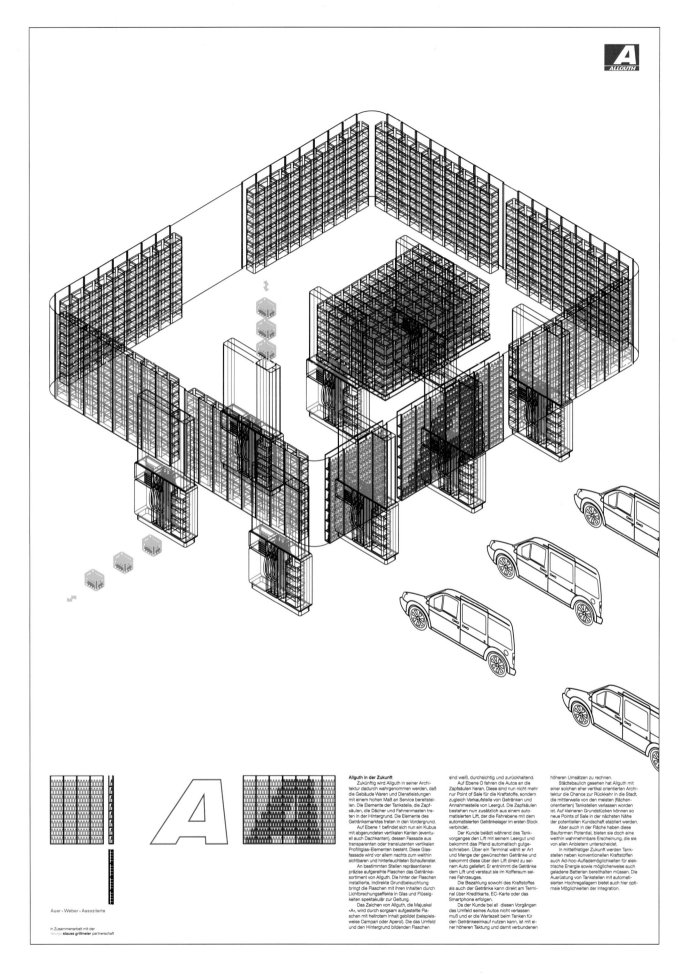

Allguth in der Zukunft

Zukünftig wird Allguth in seiner Architektur dadurch wahrgenommen werden, daß die Gebäude Waren und Dienstleistungen mit einem hohen Maß an Service bereitstellen. Die Elemente der Tankstelle, die Zapfsäulen, die Dächer und Fahnenmasten treten in der Hintergrund. Die Elemente des Getränkemarktes treten in den Vordergrund.

Auf Ebene 1 befindet sich nun ein Kubus mit abgerundeten vertikalen Kanten (eventuell auch Dachkanten), dessen Fassade aus transparenten oder transluzenten vertikalen Profilitglas-Elementen besteht. Diese Glasfassade wird vor allem nachts zum weithin sichtbaren und hinterleuchteten Schaufenster.

An bestimmten Stellen repräsentieren präzise aufgereihte Flaschen das Getränkesortiment von Allguth. Die hinter den Flaschen installierte, indirekte Grundbeleuchtung bringt die Flaschen mit ihren Inhalten durch Lichtbrechungseffekte in Glas und Flüssigkeiten spektakulär zur Geltung.

Das Zeichen von Allguth, die Majuskel »A«, wird durch sorgsam aufgestellte Flaschen mit hellrotem Inhalt gebildet (beispielsweise Campari oder Aperol). Die das Umfeld und den Hintergrund bildenden Flaschen sind weiß, durchsichtig und zurückhaltend.

Auf Ebene O fahren die Autos an die Zapfsäulen heran. Diese sind nun nicht mehr nur Point of Sale für die Kraftstoffe, sondern zugleich Verkaufstelle von Getränken und Annahmestelle von Leergut. Die Zapfsäulen bestehen nun zusätzlich aus einem automatisierten Lift, der die Fahrebene mit dem automatisierten Getränkelager im ersten Stock verbindet.

Der Kunde belädt während des Tankvorganges den Lift mit seinem Leergut und bekommt das Pfand automatisch gutgeschrieben. Über ein Terminal wählt er Art und Menge der gewünschten Getränke und bekommt diese über den Lift direkt zu seinem Auto geliefert. Er entnimmt die Getränke dem Lift und verstaut sie im Kofferraum seines Fahrzeuges.

Die Bezahlung sowohl des Kraftstoffes als auch der Getränke kann direkt am Terminal über Kreditkarte, EC-Karte oder das Smartphone erfolgen.

Da der Kunde bei all diesen Vorgängen das Umfeld seines Autos nicht verlassen muß und er die Wartezeit beim Tanken für den Getränkeeinkauf nutzen kann, ist mit einer höheren Taktung und damit verbundenen höheren Umsätzen zu rechnen.

Städtebaulich gesehen hat Allguth mit einer solchen eher vertikal orientierten Architektur die Chance zur Rückkehr in die Stadt, die mittlerweile von den meisten (flächenorientierten) Tankstellen verlassen worden ist. Auf kleineren Grundstücken können so neue Points of Sale in der nächsten Nähe der potentiellen Kundschaft etabliert werden.

Aber auch in der Fläche haben diese Bauformen Potential, bieten sie doch eine weithin wahrnehmbare Erscheinung, die sie von allen Anbietern unterscheidet.

In mittelfristiger Zukunft werden Tankstellen neben konventionellen Kraftstoffen auch Ad-hoc-Aufladmöglichkeiten für elektrische Energie sowie möglicherweise auch geladene Batterien bereithalten müssen. Die Ausrüstung von Tankstellen mit automatisierten Hochregallagern bietet auch hier optimale Möglichkeiten der Integration.

Auer + Weber + Assoziierte

in Zusammenarbeit mit der
design stauss grillmeier partnerschaft

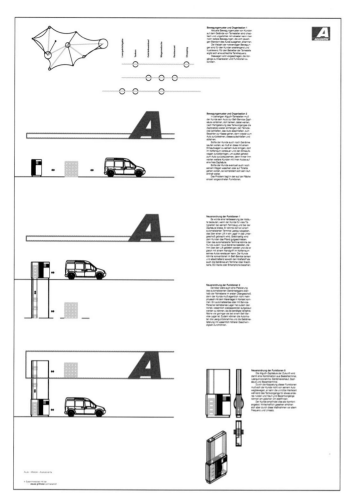

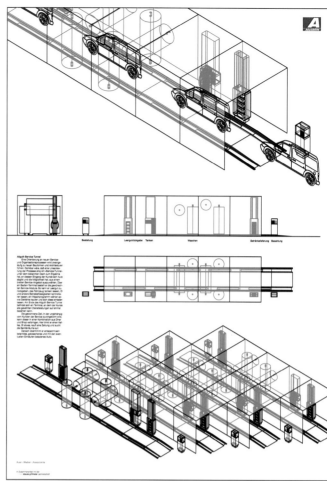

Plakate:
Wettbewerb
Allguth Tankstellen
design stauss grillmeier
in Projektgemeinschaft mit
Auer + Weber + Assoziierte
2013

Tankstellen in der Energiewende?

Wie sieht die Zukunft eines Tankstellenbetreibers, der sich zudem auch als Getränkemarkt versteht, in und nach der Energiewende aus? Verlangen die längeren Verweilzeiten der Kunden an den Tankstellen durch die längeren Ladezeiten von Elektroautos eine andere Aufenthaltsqualität von Tankstellen und ein verändertes Serviceangebot? Tankstellen haben in der Vergangenheit den *self service* immer weiter ausgebaut, um die Kosten im Griff zu behalten. Aber bringt weniger Service mehr Umsatz? Mit der Elektromobilität wird das Energiemonopol der Tankstellen fallen, denn Elektrizät ist an vielen Stellen verfügbar. Was ist dann das Alleinstellungsmerkmal von Tankstellen als *point of sale*? Das Auto. Aber nicht als Energieverbraucher, sondern als Transportmittel. Es macht Sinn, an zukünftigen Tankstellen Dienstleistungen anzubieten, die mit dem Auto für den Kunden bequemer in Anspruch zu nehmen sind: Getränkeeinkauf, Lieferung und Abholung von Kleidern bei der Reinigung und der Großeinkauf von haltbaren Lebensmitteln.

Mit der Energiewende und der Abkehr von fossilen Brennstoffen haben Tankstellen zudem die Möglichkeit, in die Innenstädte zurückzukehren. (KS)

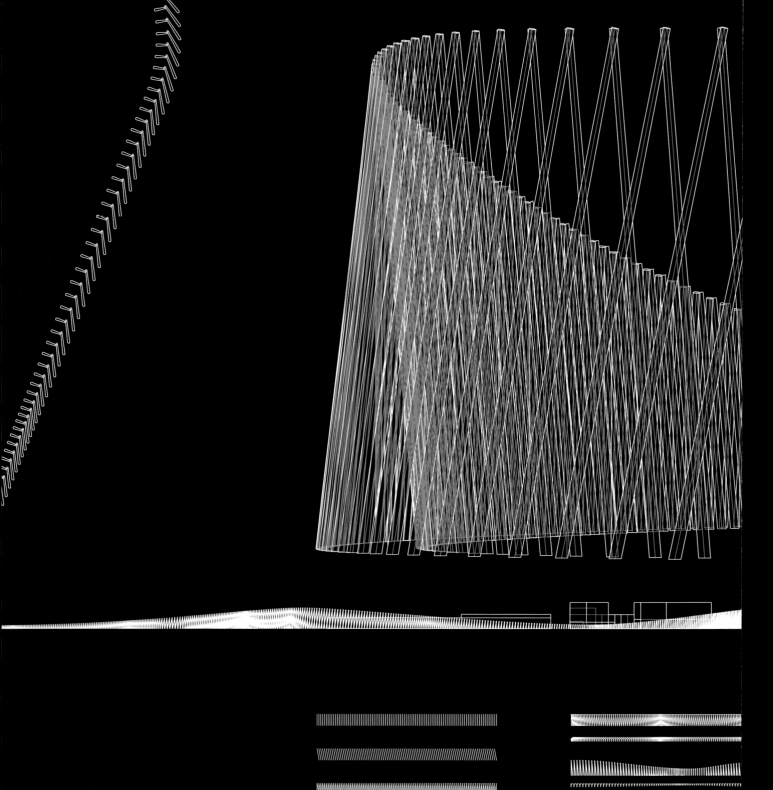

Illustration linke Seite:
Wettbewerb
Paulaner Langwied
3. Preis
design stauss grillmeier und
stauss processform
in Projektgemeinschaft mit
Auer + Weber + Assoziierte
2013

Tragwerksplanung:
Sailer Stepan Partner
Lichtplanung:
pfarré lighting design

München und das Bier

Wie stellt man Münchner Bierbrauertradition und -qualität bei einem Industriegelände vor den Toren der Stadt dar, das nur von der Autobahn oder aus der Luft wahrgenommen werden kann? Und wie verhindert man gleichzeitig das Ausfransen der Städte in gesichtlose Industriegebiete an den Rändern?

In Projektgemeinschaft mit dem Architekturbüro Auer + Weber + Assoziierte und weiteren Fachplanern wurde eine, die schon geplanten Funktionsbauten umhüllende, spektakuläre Spalierstruktur entwickelt, die mit ihren sich kreuzenden Stäben, ihren rhythmischen Verdichtungen und Aufweitungen sowie der sanft schwingenden oberen Kante für kilometerweit sichtbare Moiré-Effekte sorgt, die sich bei Bewegung des Betrachters zum Objekt pulsierend verändern.

Das Gelände wird so hinter eine weiße und transparente künstlerische Haut gelegt, die mit ihren optischen Effekten an die Bewegungen von Flüssigkeiten und Gasen bei chemischen Prozessen und an Bierschaum erinnert.

München hätte damit an einem seiner neuen »Stadttore« im Westen einen innovativen und unverwechselbaren Auftakt bekommen, der diesen für die Stadt wichtigen Industriezweig gut kommuniziert hätte. (KS)

product design

Akzeptanz

ist die Bereitschaft, Objekte, Zustände (Gegenwart) oder Angebote, Vorschläge und Offerten (Zukunft) anzunehmen. Die Zustimmung basiert dabei auf Freiwilligkeit.

Akzeptanz kann dabei positiv sein, wenn etwas aktiv angenommen wird und Einigung und Konsens erzeugt wird. Es gibt allerdings auch eine negative Akzeptanz, wenn etwas nur passiv angenommen wird oder aus falscher Toleranz geduldet wird. Passive Akzeptanz verhindert oder verzögert notwendige Entwicklungen.

In einer pluralistischen Gesellschaft muss sich alles Neue automatisch einer Akzeptanzprüfung stellen. Da Gewerbefreiheit, demokratische Gesellschaften und offene Märkte zu einem breiten Angebot an Waren, Lösungen und Informationen führen, hat der Kunde vielfältige Auswahlmöglichkeiten. Gewählt werden wird nur, was Akzeptanz gefunden hat.

Interessant sind in diesem Zusammenhang Monopole und Oligopole. Da der Kunde hier keine wirkliche Auswahl hat, kann bei ihm nur passive, negative Akzeptanz erzeugt werden, also reine Duldung. Solche Systeme können eine Weile stabil bleiben, wie das Volksautomobil »Trabant« der Deutschen Demokratischen Republik oder die Westdeutsche Post mit ihren Einheitstelephonen vor der Auflösung des Telekommunikationsmonopols bewiesen haben. Da durch Monopole und passive Akzeptanz allerdings Entwicklung verhindert wird, kollabieren solche Systeme am Ende manchmal spektakulär.

Die Grundvoraussetzung für den Beginn eines neuen Formprozesses ist die Identifikation und Akzeptanz einer relevanten Problemstellung. Der Designer muss sich dieser Herausforderung aktiv und bewusst stellen und diese annehmen.

Der Designer ist durch seine interdisziplinäre Denk- und Arbeitsweise eine Art »Seismograph« für zukünftige Probleme und kann die Akzeptanz dieser Fragestellungen in der Gesellschaft vorbereiten. Er trägt dabei eine hohe Verantwortung.

Auch Akzeptanz ist ein Prozess: Die amerikanische Ärztin und Sterbeforscherin Elisabeth Kübler-Ross definierte die fünf Phasen der Einwilligung eines Sterbenden in sein Schicksal folgendermaßen:

— Verleugnung
— aggressive Verweigerung (Zorn und Ärger)
— partielle Verweigerung (Verhandlung)
— teilweise Annahme (Depression)
— bewusste Annahme (Akzeptanz)

Hier lassen sich vielfältig Analogien zu Akzeptanzprozessen bei anderen Problemstellungen finden.

Der Designer ist also zu Beginn eines Formprozesses ein Mediator, der der Gesellschaft die Relevanz des Prozesses vermittelt und für dessen Akzeptanz sorgt. Diese ist wichtig, denn einen Prozess zu starten bedeutet Aufwand und das Ergebnis ist immer offen. Entwicklung ist ein Abenteuer.

Es ist aber zudem Aufgabe des Designers, das Ergebnis so zu formen und zu gestalten, dass es verstanden und angenommen wird.

Hier hilft die schon früher erzeugte Akzeptanz aller Prozessbeteiligten nicht weiter, denn diese sind später im seltensten Fall oder wenn, nur zum kleinsten Prozentsatz, Teil der Gruppe der Nutzer.

Die von einem Designer geschaffene Lösung muss sich im Gegenteil anonym und im offenen Wettbewerb bewähren und bei den Nutzern aktiv angenommen werden. Sonst hat sie keinen Erfolg und scheitert.

Die Erzeugung von Akzeptanz ist eine Kunst. Das Vorhandensein und die Höhe der Akzeptanz kann empirisch über Vergleiche gemessen werden. Die Gründe für Akzeptanz bleiben aber oft unklar. (KS)

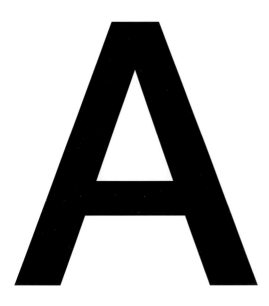

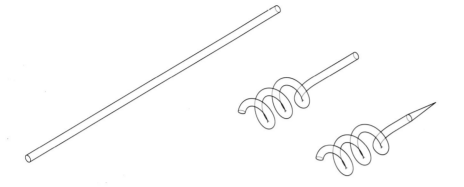

Zeichnungen und Photos:
Manufactum Schlauchführung
Manufactum GmbH & Co. KG
stauss pedrazzini
2005

Traditioneller Sauschwanz
Die Herstellung erfolgt aus einem Stück
Stahl-Rundstab, der durch Schmieden
an einem Ende spiralig gedreht und
am anderen Ende spitz geklopft wird.

**Einhängen einer Seilschlinge
in den Sauschwanz**
Eine vorher geknüpfte Seilschlinge wird
in die erste Windung des Sauschwanzes eingehängt und dann um 360° gegen den Uhrzeigersinn gedreht. Nun
liegt sie gegen unbeabsichtigtes Aushängen gesichert im Labyrinth der Win-
dungen des Sauschwanzes fest.

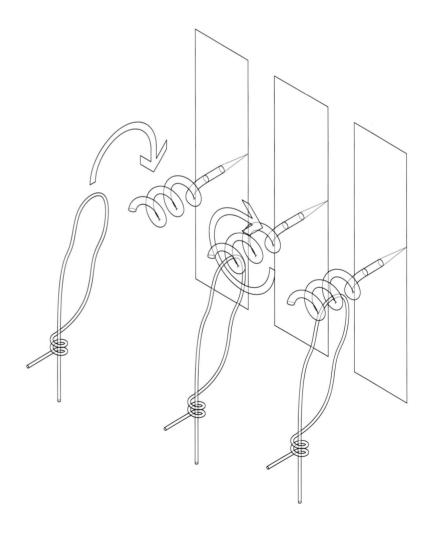

Sauschwanz

Klettern ist eine vom Menschen seit jeher angewandte Fortbewegungsart. Felsen wurden aus praktischen Gründen wie dem Ausschau Halten nach Tieren oder Feinden oder aus kulturellen Gründen (als religiöser Ort) beklettert. Warum jedoch ausgerechnet die Briten Ende des 19. Jahrhunderts in die Alpen stürmten und sich extreme Ziele suchten, ist bis heute nicht abschließend ergründet worden.

Eines jedoch ist klar: Sie fanden in den abgeschiedenen Siedlungen keinerlei Infrastruktur in Form wohlsortierter Sportgeschäfte vor, wie sie heute die Ortsbilder prägen. Im Gegenteil: Ausrüstung musste erdacht und mit lokalen Ressourcen produziert werden. Hier half der Dorfschmied.

So entstanden die ersten Kletterhaken als Ableitung der sogenannten »Sauschwänze«. Ein im Schmieden spiralig gedrehter Stahlstift bot zum Einhängen von Seilschlingen einen Labyrinthverschluss, der sich nie unbeabsichtigt lösen konnte und bei dem ein leichtes Ver-

biegen unter Last die Gebrauchstüchtigkeit nicht einschränkte.

Dieser *Low-Tech*-Ansatz in Produktion und Gebrauch bei höchster Zuverlässigkeit ist auch heute noch verblüffend.

Für die sehr erfolgreiche Gartenzubehör-Abteilung von Manufactum wandelten wir dieses Prinzip für eine Gartenschlauchführung um. Der Einsatz eines solchen Elementes verhindert, dass Gartenbesitzer beim Gießen mit nur einem unbeabsichtigten Ziehen am Schlauch die Pflanzen ganzer Beete umknicken und die Arbeit von Monaten zerstört wird.

Mit dieser Führung können die Nutzer den Schlauch mit einer leichten Pendelbewegung von der Seite einhängen, ohne ihn aufwendig von Anfang an durchfädeln zu müssen. Ein unbeabsichtiges Aushängen ist trotzdem so gut wie unmöglich.

Wir hatten Freude daran, alte, fast in Vergessenheit geratene Lösungsansätze auf neue Produkte zu übertragen und waren gleichzeitig wieder einmal überrascht, welch klare Ästhetik sich bei der Entwicklung von Gebrauchsgütern oft einstellt. (KS)

Robinie

Das Holz der Robinie
wird fälschlicherweise
der Familie der Akazien
zugeordnet, hat aber
eine ähnliche Wider-
standsfähigkeit gegen
fäuleverursachende und
holzzerstörende Pilze,
Bakterien und Insekten.
Das aus europäischen
Mischwäldern zu bezie-
hende Holz ist hart,
schwer, robust und gut
biegbar.

Photos linke Seite und
rechte Seite, oben:
Samentütenhalter
Version aus wasserfestem Sperrholz
Manufactum GmbH & Co. KG
stauss pedrazzini
2005

Photo und Zeichnung rechte Seite unten:
Samentütenhalter
Version aus massiver Robinie
Manufactum GmbH & Co. KG
stauss pedrazzini
2005

Simples ist schwer

Im Rahmen unserer Zusam-
menarbeit zur Neuentwicklung
von Produkten für das Sortiment
forderte uns Thomas Hoof, der
Gründer von Manufactum, immer wieder auf, über Produkte
für den Garten nachzudenken.

Ein Ergebnis dieser Prozesse
war die Gestaltung sogenannter
»Samentütenhalter« zur Kennzeichnung der Aussaaten in Gar-
tenbeeten.

Bei der Betrachtung von Hal-
terungen für Zielscheiben aus
Papier für Luftgewehrschützen,
bei denen die Zielscheibe in wel-
lenförmige Schlitze eingeklemmt
wird, entwickelten wir die Idee
einer analogen Halterung aus
Holz für die Samentüten.

Da solche Bauteile in der
Erde oft vermodern oder von Insekten befallen werden, wählten
wir für die Produktion das Holz
der Robinie.

Die eigentliche Herstellung
erwies sich allerdings schwieri-
ger als gedacht, da sich der wellen-
förmige Schlitz nicht sauber
sägen ließ oder die Vielzahl der
manuellen Arbeitsschritte zu
teuer geworden wäre.

Ein Spezialfräser wurde an-
gefertigt, um Bretter an der Ober-
fläche mit der Wellenstruktur zu
versehen. Jeweils zwei dieser
Bretter wurden dann spiegel-
verkehrt miteinander verleimt,
wobei die Fräsung im Bereich
des späteren Schlitzes leicht ab-
gesenkt wurde, um sich bei der
Verleimung nicht zu schließen.
Anschließend wurden die einzelnen Hölzchen von dem ver-
leimten Block scheibenweise
abgesägt.

Aus Kostengründen kam
noch eine weitere, einfacher zu
produzierende Variante aus
wasserfest verleimtem Sperrholz
zeitgleich auf den Markt, bei
der die Konturen der Hölzchen
mittels eines Hochgeschwindig-
keitsfräsers aus der Platte aus-
geschnitten wurden. Die Sperr-
holzplatte mit ausgesägtem Griff
war dabei zugleich Verkaufs-
und Transportverpackung. (KS)

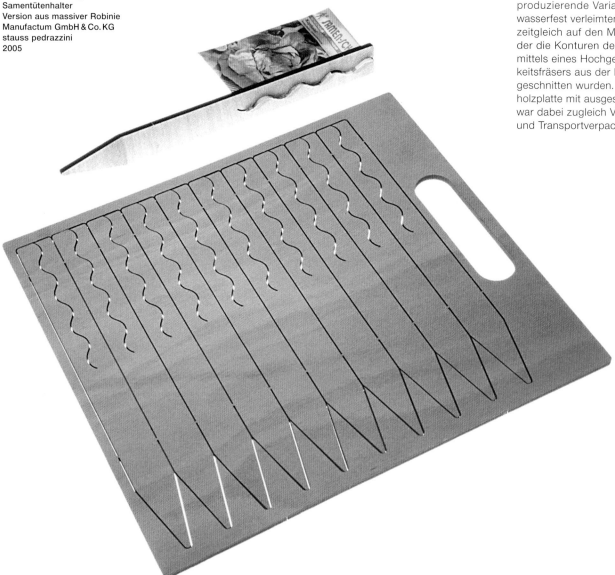

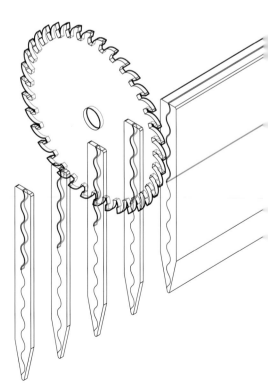

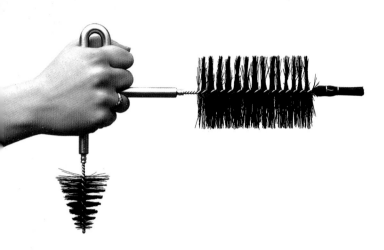

Handwerklich oder industriell?

Als Manufactum uns beauftragte, an der Erweiterung Ihres Bürstensortiments mitzuarbeiten, begannen wir mit umfangreichen Recherchen über tradierte Bürstenformen und ihre zumeist handwerklichen Herstellungsmethoden.

Ein Besuch in der Bürstenstadt Bechhofen brachte allerdings das Ergebnis, dass es am effizientesten ist, Borsten in Draht zu drehen. Ein Großteil der technischen Bürsten in der Industrie werden so hergestellt.

Die Vorteile der Produktionsmethode liegen in der Vielfalt der möglichen Bürstenformen, in der freien Wahl der Borsten für den jeweiligen Zweck, in der leichten Auswechselbarkeit der Bürstenkörper und in den niedrigen Herstellungskosten.

So gestalteten wir eine Serie von universellen Haushaltsbürsten mit ergonomischen Griffen aus Edelstahl-Rundstäben, die für die Reinigung von Flaschen und Gläsern, Pfannen und Töpfen bis hin zur Reinigung von Fahr- und Motorrädern gleichermaßen geeignet sind. (KS)

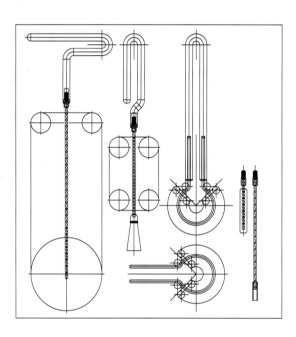

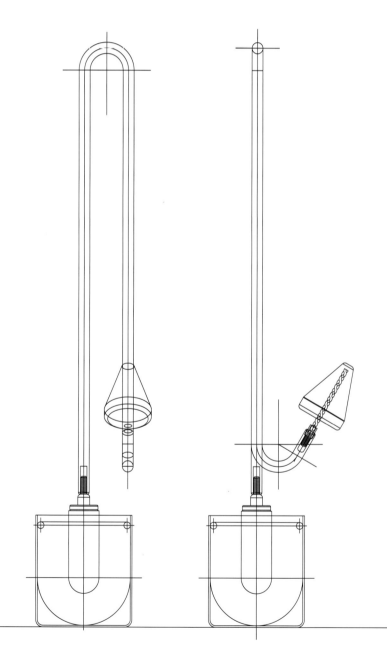

Photos:
Haushaltsbürsten aus der
produzierten Serie
Manufactum GmbH & Co. KG
stauss pedrazzini
2004

Zeichnung linke Seite links:
Verpackungseinheit des Haushaltsbürstensets mit Flaschenbürste, Gläserbürste, Spülbürste mit Wechselkopf sowie zwei Feinbürstenköpfen, die in den Griff der Gläserbürste alternativ eingeschraubt werden konnten
Manufactum GmbH & Co. KG
stauss pedrazzini
2004

Zeichnung linke Seite rechts:
Pläne der nicht zur Ausführung gekommenen Toilettenbürste mit Doppelkopf
stauss pedrazzini
2004

Elektronisch oder mechanisch?

Die Entwicklung einer neuen mechanischen Türglocke für Manufactum folgte dem Konzept, dass eine zeitgenössische elektronische Klingel kaum eine Modulation in der Art des Läutens zulässt. Allein die Länge und die Frequenz können variiert werden, womit das höchste der Gefühle Rhythmen ähnlich dem Morse-Code sind.

Bei einer mechanischen Türglocke kann man durch die Veränderung des Anschlages auch laut oder leise läuten, womit sich die Kommunikationsmöglichkeiten vergrößern: Man kann sich leise äußern, zaghaft, stürmisch, zurückhaltend, geheimnisvoll, erregt, wütend, höflich oder nachdrücklich. Läuten wird wieder Musik.

Am Anfang des Projektes stand die Suche nach dem optimalen Glockenkörper und unsere Werkstatt verwandelte sich in ein Klanglabor mit Topfdeckeln, *tubular bells*, verschiedensten traditionellen *percussion*-Instrumenten und Metallproben.

Am Ende machte eine halbe Schwerlastfelge eines industriellen Transportrades das Rennen, die aus Spezialstahl auf einer Stahlform gedrückt wurde. Nur sie besaß diesen Klang mit lange wahrnehmbaren und harmonisch singenden Obertönen. (KS)

Photos:
Mechanische Türglocke
Manufactum GmbH & Co. KG
stauss pedrazzini
2004

Zeichnung:
Einzelteilzeichnungen zur
Mechanischen Türglocke
Manufactum GmbH & Co. KG
stauss pedrazzini
2004

Komplexität
Es ist immer wieder verblüffend, wie bei mechanischen Produkten die Komplexität durch eine Zunahme der beweglichen Teile exponentiell ansteigt. Da alle Bauteile miteinander mechanisch und akustisch interagieren, ist die optimale Funktion des Produktes schon durch minimale Abweichungen im Produktionsprozess gefährdet. Das Design muss sich hier mit allen Details wie Materialien, Verarbeitungen, Verbindungen und Oberflächen auseinandersetzen, damit beim Käufer und bei den Nutzern Akzeptanz erzeugt wird.

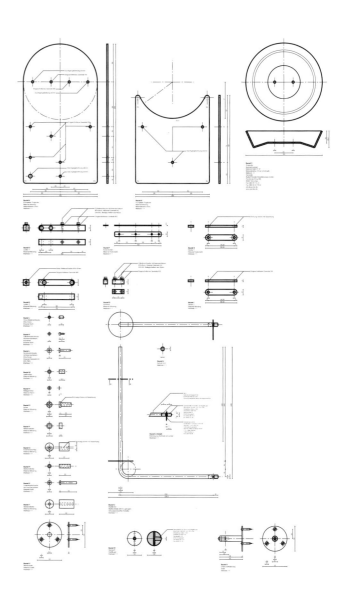

Topos versus Semiotik

Das Zeichenhafte von Form und die Vorstellung, dass wir die Welt als System aus Zeichen wahrnehmen und begreifen, ist eine der bestimmendsten Ideen des Design in den letzten Jahrzehnten in den Bereichen Semiotik und Produkt-Semantik. Dies führte zu einer Vielzahl von übersemantisierten Produkten, wenn man an die Gestaltung vieler Fahrzeuge und Sportartikel denkt. Hier herrscht durch ständiges Übertreiben von Zeichenhaftigkeit geradezu Bedeutungsverschmutzung. Alles spricht einen an, aber niemand braucht diese Informationen, will sie mehr hören oder sehen. Ich denke seit längerem darüber nach, ob nicht vielmehr die Lage eines Objektes im Raum und damit sein »Ort« selbst zeichenhaft ist, selbst wenn die Form nicht unbedingt zur Funktion passt.

In einem Kunstprojekt mit dem Namen »see what it can do for you«, das Teil der Ausstellung »Design vor dem Produkt« der Galerie Filser & Gräf in München im Herbst 2009 war, untersuchten wir diesen Umstand anhand einer funktionslosen polygonalen Figur, die aus fünf vierseitigen Pyramiden zusammengesetzt wurde und die wir in unterschiedlichen Größen anfertigen ließen.

Je nach Wahl der Größe, nach Wahl der Aufstellungsorte und der Aufstellungslagen entstanden trotz identischer Form schlagartig die unterschiedlichsten Topoi und man interpretierte das Gesehene als Tisch, Lampe, Lautsprecher, Wandfön, Take-Away-Food-Box, Pissoir oder sakrales Objekt. Und dieser Effekt trat ein, obwohl sich alle Objekte gleichzeitig im Raum befanden. Der Topos scheint wichtiger zu sein als Form. (KS)

Photos:
Kunstprojekt
»see what it can do for you«
Ausstellung
»Design vor dem Produkt«
Galerie Filser & Gräf, München
design stauss grillmeier
2009

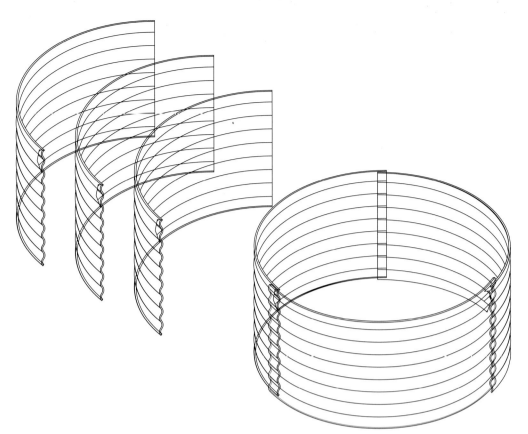

Zeichnung und Photo:
Manufactum Hochbeet
Manufactum GmbH & Co. KG
stauss pedrazzini
2005

Freundschaft deutsch-englisch

Hochbeete sind eine typisch englische Angelegenheit, um in rauheren Klimazonen die Wurzeln und das umgebende Erdreich von Pflanzen schon früh im Jahr durch die Sonne wärmen zu lassen. Wellblech hingegen ist eine typisch deutsche Angelegenheit.

Wie kam es zu dieser Verbindung über den als harte Kulturgrenze bekannten Ärmelkanal?

Wer die Bauanleitungen üblicher Hochbeetanlagen studiert, fühlt sich an Fachliteratur aus den Bereichen Tief- und Straßenbau erinnert. Manufactum ist aber ein Unternehmen, das weitgehend vom Versanddhandel lebt und auf der Suche nach einem leichten, einfach zu transportierenden und simpel aufzubauenden Produkt war.

Wir erinnerten uns in der Entwurfsphase an die Wandverkleidungen von kleinen Tunnelröhren aus Wellblech, die trotz ihres geringen Gewichtes dem Druck des umgebenden Erdreiches leicht standhalten.

Nun war nur noch ein Produzent zu finden, der diese Technik in unseren Maßstab umsetzen konnte.

Wellblech ist ein typisches Industrieprodukt, bei dem aus einem Halbzeug (Blech) durch einen Umformungsschritt ein profiliertes Plattenmaterial mit konkaven und konvexen Krümmungen in einer Richtung erzeugt wird. Das Material bleibt dabei quer zur Profilierung relativ elastisch, während es längs der Profilierung immens an Steifigkeit gewinnt. Krümmt man das Material nun zusätzlich auch längs der Profilierung, so wird es in allen Richtungen stabil.

Das so konzipierte Hochbeet ist also eine Hochleistungs-Schalenkonstruktion, die ohne weitere Verstärkungen eingesetzt werden kann und deren Einzelelemente beim Endkunden über wenige Schrauben zum fertigen Produkt verbunden werden können. (KS)

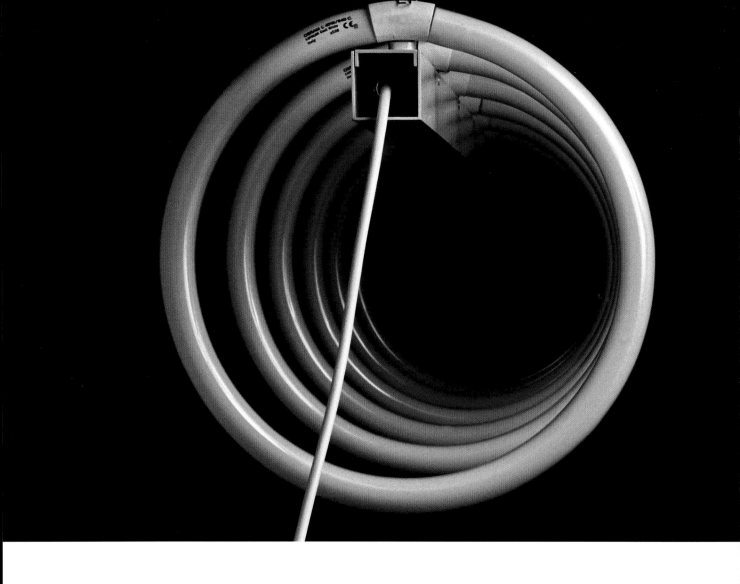

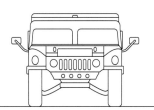

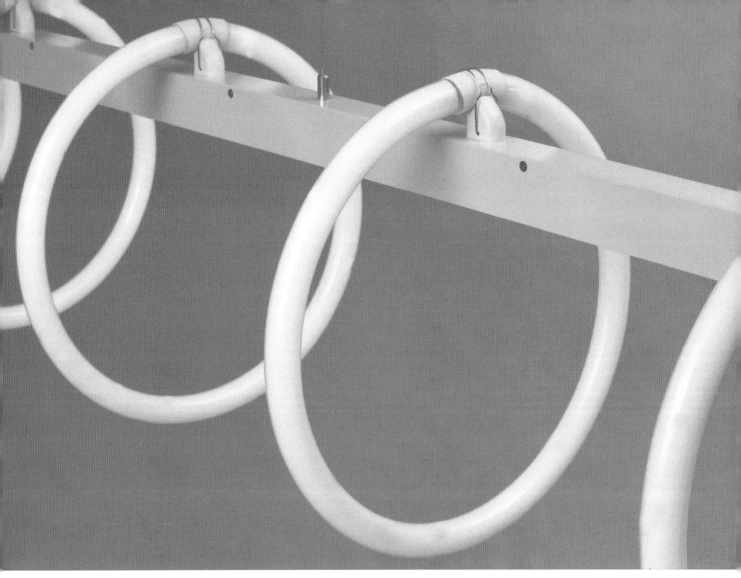

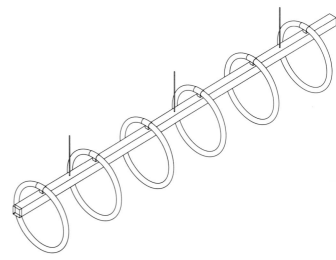

Zeichnungen und Photos:
Licht- und Leuchtendesign
Oldtimergarage
Privathaus, München
stauss pedrazzini
2005

Alle Jahre wieder …

Manufactum bereitete sich auf das Weihnachtsgeschäft vor und ich hatte eine Idee für einen Christbaumständer aus vier formverleimten Sperrholzwinkeln, der einfach zu produzieren, gut zu verpacken, leicht zu bedienen und zudem sehr standsicher war. Aufgrund versicherungsrechtlicher Bedenken kam er jedoch nicht in den Katalog.

Im Wechsel der Jahreszeiten standen irgendwann die Arbeiten für den Sommerkatalog an und es entstand die Frage, ob diese Idee nicht auch für einen Sonnenschirmständer tauge.

So tauschten wir die Formholzelemente gegen gebogene und feuerverzinkte Stahlwinkel aus und sparten bei dieser Materialsubstitution gleich noch vier Muttern ein, da wir die für die Flügelschrauben notwendigen Gewinde gleich in die Stahlstreifen einschneiden lassen konnten.

Mit diesem Produkt können Schirme mit geringer Kraft und an vier Stellen linear ohne Beschädigung des Standrohres geklemmt werden (Prinzip des Vierbackenfutters). (KS)

Photos:
Manufactum Sonnenschirmständer
Manufactum GmbH & Co. KG
stauss pedrazzini
2004

Zeichnung und Photos:
Manufactum Nachttischleuchte
Manufactum GmbH & Co. KG
stauss pedrazzini
2004

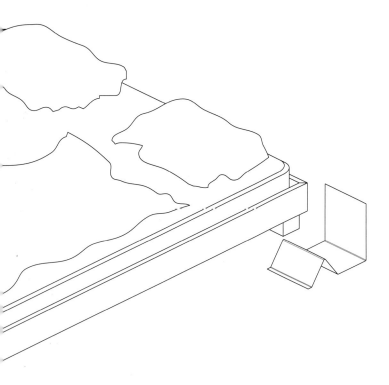

Nachttischleuchte

Wir entwickelten eine Nacht-tischleuchte aus nur einer Flä-che Edelstahlblech, die neben ihrer Leuchtenfunktion auch als Buchstütze und schonendes Lesezeichen diente. Bestückt mit einer teilverspiegelten Glühbirne bot das Objekt ein überzeugen-des, weiches und blendfreies Licht.

Alle liebten den Prototypen und die Idee, wir als Gestalter und die Beteiligten bei Manufac-tum. Tatsächlich wurde dieses Produkt unser größter Flop über-haupt: Insgesamt wurden drei Stück verkauft, wobei ich ver-schämt gestehen muss, selbst zweimal der Käufer gewesen zu sein, da ich für Freunde Weih-nachtsgeschenke brauchte. Also nur ein einziger »echter« Kauf, ein bestürzendes Ergebnis.

Paradoxerweise wurde ich immer wieder auf dieses Objekt und seine Idee positiv ange-sprochen, nachdem es in einem Buch veröffentlicht und auch in einer Ausstellung in München in der Architekturgalerie gezeigt worden war. Warum habt Ihr da-mals nicht gekauft?

Vielleicht war die Idee gut, aber bei Manufactum falsch plat-ziert? Vielleicht war die Idee gut, aber niemand braucht ein solches Produkt? Vielleicht war die Idee schlecht und die Besucher der Ausstellung waren höflich. (KS)

Photos:
Minimax b.a.d.
Kunstprojekt
Minimax Mobile Services GmbH & Co. KG
design stauss grillmeier
2009

furniture design

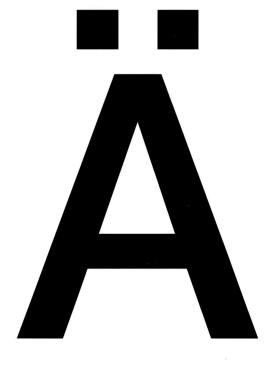

Ä

Ästhetik

ist ein Minenfeld. Geistesgrößen weltweit haben sich an ihr abgearbeitet, die Allgemeinheit versteht unter dem Begriff etwas anderes als die Wissenschaften und viele halten sie für das Hauptbetätigungsfeld von Designern.

Als humanistisch erzogener Abiturient mit großem Latinum und Graecum führe ich den Begriff der Ästhetik auf das griechische Substantiv αἴσθησις (aisthesis) zurück, das »Wahrnehmung« bedeutet. Der Begriff »Wahrnehmung« beschreibt das subjektive Vermögen oder den Vorgang selbst eines Individuums, etwas zu fühlen, zu empfinden, zu erkennen, zu begreifen oder zu verstehen. Die Wahrnehmung ist damit subjektiv und erstreckt sich auf die Sinne, den Verstand und die Gefühle gleichermaßen.

Subjektivität bedingt einen individuellen Standpunkt, das Wahrgenommene ist der Blickpunkt und die Lage des Standpunkts sowie dessen Entfernung zum Blickpunkt bestimmen die Perspektive. Dieses aus der Darstellenden Geometrie entliehene Bild sei mir verziehen, aber es beschreibt die Vielzahl der Variablen in der individuellen Betrachtung.

Schon Platon hat die Philosophie in drei Bereiche aufgeteilt, nämlich Logik, Ethik und Ästhetik und verweist auf die Relativität des Begriffes der Schönheit in seinem Hippias-Dialog. Schon hier wird ein erweiterter Begriff ähnlich dem Guten und Richtigen propagiert. Sokrates als einer der Protagonisten im Hippias-Dialog spricht auch zum ersten Mal von der Schönheit des Brauchbaren, das Passende sei schön. Es ist anzumerken, dass der Hippias-Dialog ohne Lösung des Problems endet.

Ein Aufsatz des Autors Matthias Duderstadt an der Universität Bremen mit dem Titel »Ästhetik und Wahrnehmung« beschreibt gut die Entwicklungsgeschichte des Begriffes »Ästhetik« in Deutschland. Der Philosoph Alexander Gottlieb Baumgarten verwendet diesen zum ersten Mal in seiner Dissertation 1735 und hat uns Ansätze einer »Aestetica« hinterlassen, die er von 1750 – 1758 verfasst hat. Er definiert hier Ästhetik als »die Wissenschaft der sinnlichen Erkenntnis«.

Wie konnte es in der Neuzeit zu einer solchen Verwässerung des Begriffes Ästhetik und der erneuten Reduktion auf eine »Schönheitslehre« kommen, obwohl die Grundproblematik schon vor über 2000 Jahren definiert wurde und trotz der Echtheitsdebatte über den großen Hippias-Dialog eine lange Rezeptionsgeschichte existiert?

Platon
griechischer Philosoph (428/427 – 348/347 v.Chr.) teilt die Philosophie in die Bereiche Logik, Ethik und Ästhetik.

Aristoteles
griechischer Philosoph (384 – 322 v.Chr.) definiert Form als Prozess und nicht als Produkt.

Alexander Gottlieb Baumgarten
deutscher Philosoph (1714 – 1762) Autor einer fragmentarischen »Aestetica« 1750 – 1758

Ferdinand de Saussure
schweizer Sprachwissenschaftler (1857 – 1913) begründet die moderne Linguistik und Semiotik: Sprache ist eine Form, keine Substanz.

Sigmund Freud
Begründer der Psychoanalyse (1856 – 1939)

C.G. Jung
Mitbegründer der Psychoanalyse (1857 – 1961)

Otl Aicher
deutscher Designer (1922 – 1991) Mitbegründer der Volkshochschule, Mitbegründer, Dozent und späterer Rektor der Hochschule für Gestaltung in Ulm, Gestaltungsbeauftrager der Olympischen Spiele 1972 in München

Martin Krampen
deutscher Designer (geb. 1928) Student und Dozent an der Hochschule für Gestaltung in Ulm, Ehrenmitglied der Deutschen Gesellschaft für Semiotik

Matthias Duderstadt
Autor und Dozent im Bereich Ästhetik und Pädagogik

V. S. Ramachandran
indischer Neurologe (geb. 1951)

E.M. Hubbard
amerikanischer Psychologe

Donald Judd
amerikanischer Künstler (1928 – 1994)

James Turell
amerikanischer Künstler (geb. 1943)

Dan Flavin
amerikanischer Künstler (1933 – 1996)

Meiner Meinung nach liegen unsere Erkenntnis-Defizite in der ästhetischen Frage nicht in der Philosophie, sondern in den Bereichen der Psychologie, der Neurologie und der Linguistik sowie in den angrenzenden Gebieten der Wahrnehmungspsychologie, der Neurophysio- und Neuropsycholgie sowie der Neuro- und Psycholinguistik beziehungsweise in der Verknüpfung der vorliegenden Erkenntnisse mit der gestalterischen Arbeit.

Die Arbeiten Otl Aichers und auch sein gemeinsam mit Martin Krampen verfasstes Buch »Zeichensysteme der visuellen Kommunikation – Handbuch für Designer, Architekten, Planer, Organisatoren« sind ohne die wissenschaftlichen Vorarbeiten in der Semiotik von Ferdinand de Saussure (1857 – 1913) nicht denkbar.

Auch die Abkehr der Kunst in der Moderne vom Abbild hin zu inneren Bildern kann man sich ohne die Erkenntnisse über die Wirklichkeitsprägung von Worten und Begriffen durch Sigmund Freud und die Wirklichkeitsprägung von Bildern durch C.G. Jung nicht vorstellen.

In den letzten Jahren haben auch die Forschungen, Veröffentlichungen und Bücher von Vilaynur S. Ramachandran und Edward. M. Hubbard über Synästhesie viel zur Erkenntnis über die Wahrnehmung beigetragen.

Wo steht man nun selbst? Persönlich finde ich den Gedanken von Aristoteles inspirierend, dass Form als Resultat gestalterischer Arbeit kein Produkt ist, sondern das Ergebnis von Prozessen.

Es wird eben nicht durch Autorenschaft Neues geschaffen, sondern Bestehendes umgeformt. Gelingt es einem als Gestalter nun, ein erfolgreiches Ergebnis vorzulegen, so ist man dem der Materie innewohnenden Potenzial (nach Aristoteles: $\delta\acute{\upsilon}\nu\alpha\mu\iota\varsigma$ [dynamis] oder $\acute{\epsilon}\nu\acute{\epsilon}\rho\gamma\epsilon\iota\alpha$ [energeia]) gefolgt. Der Gestalter ist dabei eher Medium des Potenzials als selbstständiger Schöpfer.

Diese Haltung bringt einen dazu, sich selbst als Gestalter im Prozess nicht wichtig zu nehmen, sondern Fragen der Relevanz, der richtigen Materialwahl, der materialgerechten Konstruktion, der richtigen wirtschaftlichen und sozialen Produktionsbedingungen, der Akzeptanz sowie der Bedürfnisse der Nutzer, der Produzenten und der Umwelt beim Arbeiten in den Mittelpunkt zu stellen.

Erreicht man als Gestalter hier keine Lösung, so verbleibt nach Aristoteles das Werk im Zustand des Form-Mangels, der $\sigma\tau\acute{\epsilon}\rho\eta\sigma\iota\varsigma$ (steresis). Ist das Werk gut, so hat man den potenziellen Endzustand $\grave{\epsilon}\nu\tau\epsilon\lambda\acute{\epsilon}\chi\epsilon\iota\alpha$ (entelecheia) erreicht.

In dieser Frage, in dem »Was könnte sein?«, steckt meiner Meinung nach der richtige Ansatz für eine ästhetische Theorie im Design. Wo kann man Probleme identifizieren? Wie kann man diese lösen? Kann man als Gestalter dazu beitragen? Was ist human? Was ist richtig für die (Um)-Welt?

Die Beantwortung dieser Fragen erfordert Menschen mit geschulter Wahrnehmung, denen es möglich ist, nicht nur Kenntnisse (*hard facts*) miteinander zu verknüpfen, sondern auch Emotionen, Stimmungen und Gefühle (*soft facts*) zu erkennen, diese zu deuten und mit ihnen konstruktiv umzugehen. Es geht in der Wahrnehmung wie schon weiter oben gesagt um die Sinne, den Verstand und die Gefühle gleichermaßen.

Wer dies berücksichtigt, arbeitet meiner Meinung nach ästhetisch. Wer zudem nicht allein arbeitet, sondern im Dialog mit allen und allem betroffenen, der kann Designer genannt werden.

Es ist hier wirklich zu berücksichtigen, dass das Design die Kunstform darstellt, die den bürgerlich-demokratischen Gesellschaftsformen mit ihrem Impetus des Gemeinwohls am meisten entspricht.

Der amerikanische Künstler Donald Judd ist hier einer meiner Favoriten: In vielen seiner Arbeiten wird eine Rahmenbedingung vielfach multipliziert, beispielsweise Kisten aus Sperrholz, und er spielt mit einer immer gleichen Variablen innerhalb dieser Rahmenbedingungen, beispielsweise einer Fläche. So gelingt es ihm, uns in quasi ästhetischen Reinraumbedingungen Wirkungsunterschiede vorzuführen.

Auch Arbeiten von James Turrell und Dan Flavin verfolgen diesen Ansatz und zeigen uns, wie groß das Gestaltungspotenzial bei minimalem Einsatz der Mittel und nur geringer Variation ist.

Manchmal gelingt es einem selbst. Man arbeitet an etwas mit ruhigem Atem und klaren Gedanken und betrachtet dann einen Zwischenstand. Plötzlich erkennt man überrascht, dass alles fertig ist und nichts mehr hinzugefügt werden muss. Das Ergebnis verlangt nach nichts weiterem und wehrt eine zusätzliche Bearbeitung geradezu ab.

Es ist für mich ein glücklicher Zustand mit befriedigenden Gefühlen. Man war dabei, als etwas fertiggestellt wurde. Wie bei einer Geburt spürt man, dass der eigene Anteil dazu gering war, dass mehr dahintersteckt als man selbst.

Dieser Zustand scheint viel mehr mit unbewusstem, aber trotzdem richtigem »Machen« verknüpft zu sein, als mit der bewussten »Tat«. Er scheint mehr mit »Vergessen« als mit »Lernen« zu tun zu haben, auch wenn dies paradox klingen mag. Möglicherweise steht der gestalterische Wille der Erfahrung oft eher im Weg. (KS)

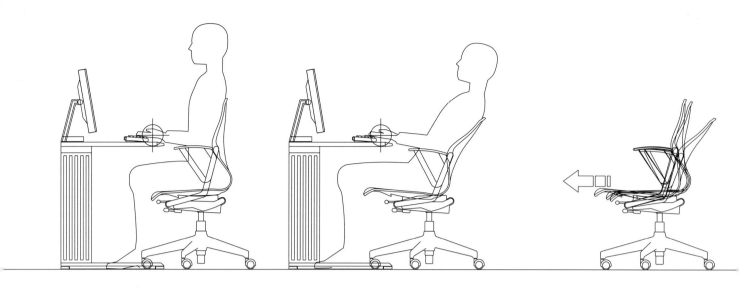

Zeichnungen:
Bürostuhl Grammer Cougar 40
Kinematik-Prinzip
Grammer Bürostuhl GmbH
stauss pedrazzini
2000

Photo linke Seite:
Bürostuhl Grammer Cougar 40
Grammer Bürostuhl GmbH
stauss pedrazzini
2000

Photo rechte Seite:
Freischwinger Grammer Cougar
Grammer Bürostuhl GmbH
stauss pedrazzini
2000

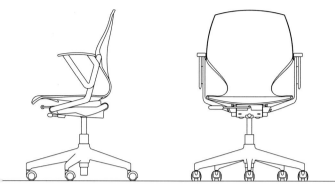

International Success Chair

Im Jahr 1998 fragte uns die Grammer Bürostuhl GmbH – nachdem wir erste Aufträge erfolgreich für sie durchgeführt hatten – ob wir Interesse hätten, ihre ergonomischen und kinematischen Prinzipien auf einen neuen Bürostuhl zu übertragen, diesen zu gestalten und zu entwickeln. Wichtig wäre, dass dieses neue Modell zur Hälfte des Gestehungspreises des aktuellen Modells produziert werden können müsse. Zudem sollte das Modell zuerst in Griechenland, der Türkei und in den südlichen Turkstaaten der ehemaligen Sowjetunion in den Markt eingeführt werden.

Die Aufgabenstellung bedingte eine differenzierte Herangehensweise: Einerseits mussten zuerst die internationalen Produktionsmöglichkeiten des Auftraggebers, die Gestehungskosten bestehender Teile und mögliche Einsparungspotenziale – auch finanztechnischer und fiskalischer Art – genau analysiert werden. Zweitens waren ausgiebige Kulturraumstudien der angestrebten Zielmärkte in Bezug auf Gesellschaft, Ästhetik und spezielle Bedürfnisse der Nutzer notwendig.

Das Projekt unter dem Arbeitsnamen ISC (International Success Chair) erwies sich als schwierig, da die definierten Einsparungspotenziale in der gewünschten Höhe nirgendwo zu identifizieren waren.

Wir formulierten darauf eine Strategie, dass ein einteiliges Kunststoff-Schalenbauteil, welches zugleich Sitzfläche und Rückenlehne bildet, die üblicherweise schwierige Aufhängung und kinematische Anlenkung der Rückenlehne vereinfachen könnte und zugleich als Plattformbauteil eine ganze Familie von Stühlen ermöglichen würde. Die Kosten dieses Gleichteils könnten damit auf eine ganze Produktfamilie umgelegt werden.

Eine Vorkalkulation ergab, dass diese Strategie ein hohes Potenzial hatte. (KS)

Zeichung:
CAD-Zeichnung des Plattform-
bauteils der Schale zu den Stuhlfamilien Puma und Cougar
Grammer Bürostuhl GmbH
stauss pedrazzini
2000

Photos:
Vierbeiner TCC Puma
Grammer Bürostuhl GmbH
stauss pedrazzini
2000

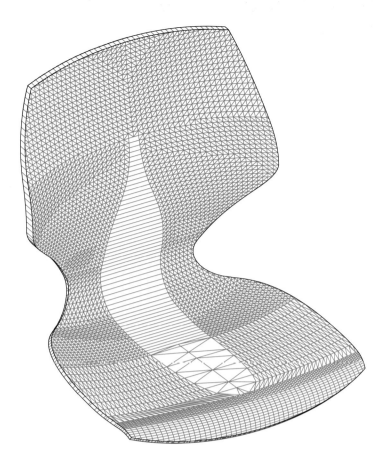

Die für die erfolgreiche Umsetzung des Konzepts benötigte
Schale musste mehrere – teilweise konträre – Anforderungen
erfüllen, um die gewünschten Ein-
sparungen bei den Gestehungskosten zu ermöglichen:

– starrer Einsatz der Schale
  beim Vierbeiner und Freischwinger
– flexibler Einsatz der Schale
  bei den Bürostühlen
– hoher Komfort der Schale
  in ungepolstertem Zustand
– Möglichkeit der Teilpolste-
  rung nur des Sitzes oder
  des Rückens
– Möglichkeit der Komplett-
  polsterung der Schale
– Flexibilität der Schale in den
  Randbereichen zur Erhö-
  hung des Komforts
– Hohe Stabilität der Schale
  in den Anbindungsberei-
  chen und in der Mitte der
  Sitzfläche

Aufgrund von Sitzdruck-
messungen auf einem Schaum-
modell im Maßstab 1:1 wurde
eine optimale Grundgeometrie
der Schale erarbeitet. Über
FEM (Finite Elemente Methode)
konnten die notwendigen Mate-
rialstärken, Höhen der Schalen-
ränder und Verstärkungen berech-
net werden, um die gewünschten,
lokal unterschiedlichen Stabili-
täten und Flexibiltäten zu erreichen. Die Hauptaufgabe des
Design war bei der Schale, eine
Kontur zu entwickeln, die aus
allen Perspektiven gut aussah
und nicht zu mehrfach drehenden Linien führte.

Am Ende gelang es, die
Schale im Kunststoffspritzguss
aus Polyamid GA 30 in einer
nur zweiteiligen Form ohne Schie-
ber zu produzieren, was die
Kosten weiter senkte. (KS)

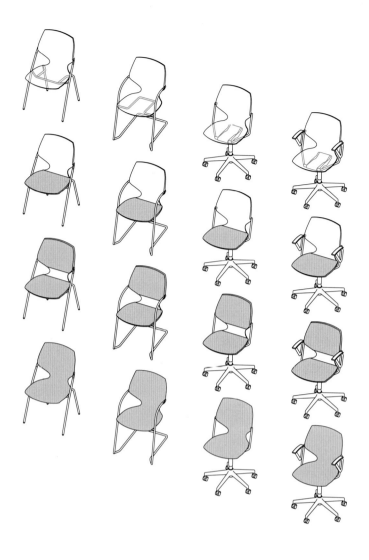

System

Es gibt auch eine Ästhetik des Systems, die wahrnehmbar ist, wenn die Gesamtheit aller Elemente reibungslos interagiert und wenn der Planungs-, Material-, Produktions- und Energieaufwand zu einem deutlichen Mehrwert geführt hat.

Aufgabe des Produktdesigns heute ist im seltensten Fall die Entwicklung eines Einzelproduktes, sondern meistens die einer Produktfamilie oder eines Produktsystems.

Es geht nicht mehr nur um die »gute Form«, sondern um das »gute System« und den »guten Prozess« mit allen Abhängigkeiten zur Gesellschaft, Wirtschaft und Umwelt. (KS)

Zeichnungen:
Produktfamilie Puma und Cougar
Grammer Bürostuhl GmbH
stauss pedrazzini
2000

Photos linke Seite:
Neu entwickelte Kinematik zu den Bürostühlen Puma und Cougar
Grammer Bürostuhl GmbH
stauss pedrazzini
2000

Photo rechte Seite:
Bürostuhl Grammer Puma
Grammer Bürostuhl GmbH
stauss pedrazzini
2000

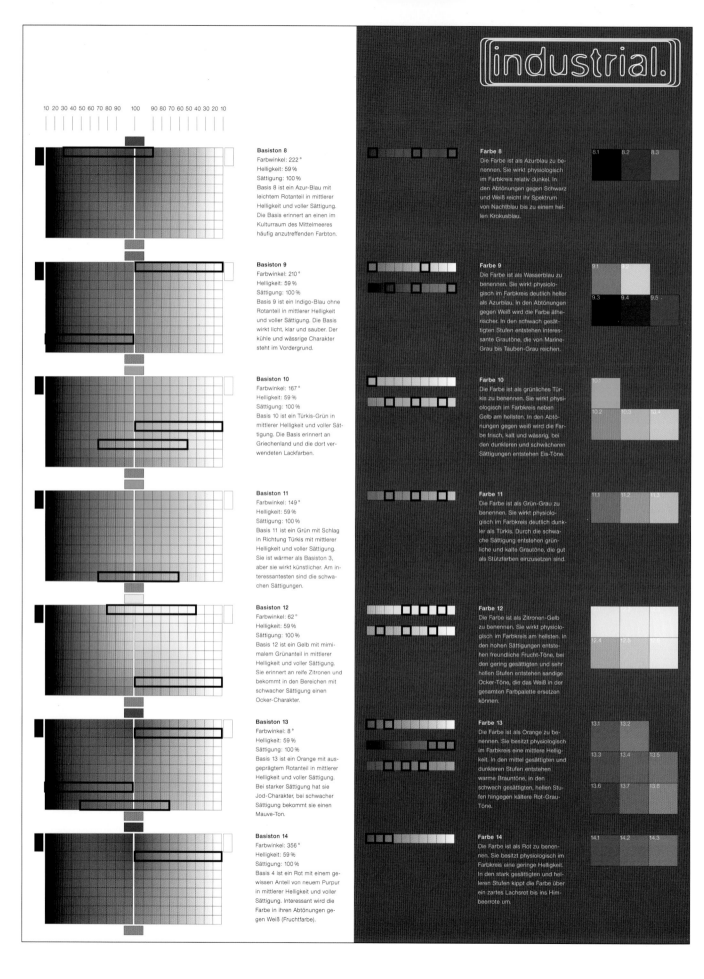

10 20 30 40 50 60 70 80 90   100   90 80 70 60 50 40 30 20 10

Basiston 8
Farbwinkel: 222 °
Helligkeit: 59 %
Sättigung: 100 %
Basis 8 ist ein Azur-Blau mit
leichtem Rotanteil in mittlerer
Helligkeit und voller Sättigung.
Die Basis erinnert an einen im
Kulturraum des Mittelmeeres
häufig anzutreffenden Farbton.

Farbe 8
Die Farbe ist als Azurblau zu benennen. Sie wirkt physiologisch
im Farbkreis relativ dunkel. In
den Abtönungen gegen Schwarz
und Weiß reicht ihr Spektrum
von Nachtblau bis zu einem hellen Krokusblau.

8.1   8.2   8.3

Basiston 9
Farbwinkel: 210 °
Helligkeit: 59 %
Sättigung: 100 %
Basis 9 ist ein Indigo-Blau ohne
Rotanteil in mittlerer Helligkeit
und voller Sättigung. Die Basis
wirkt licht, klar und sauber. Der
kühle und wässrige Charakter
steht im Vordergrund.

Farbe 9
Die Farbe ist als Wasserblau zu
benennen. Sie wirkt physiologisch im Farbkreis deutlich heller
als Azurblau. In den Abtönungen
gegen Weiß wird die Farbe äthe-
rischer. In den schwach gesättigten Stufen entstehen interessante Grautöne, die von Marine-
Grau bis Tauben-Grau reichen.

9.1   9.2
9.3   9.4   9.5

Basiston 10
Farbwinkel: 167 °
Helligkeit: 59 %
Sättigung: 100 %
Basis 10 ist ein Türkis-Grün in
mittlerer Helligkeit und voller Sät-
tigung. Die Basis erinnert an
Griechenland und die dort ver-
wendeten Lackfarben.

Farbe 10
Die Farbe ist als grünliches Türkis zu benennen. Sie wirkt physiologisch im Farbkreis neben
Gelb am hellsten. In den Abtönungen gegen weiß wird die Farbe frisch, kalt und wässrig, bei
den dunkleren und schwächeren
Sättigungen entstehen Eis-Töne.

10.1
10.2   10.3   10.4

Basiston 11
Farbwinkel: 149 °
Helligkeit: 59 %
Sättigung: 100 %
Basis 11 ist ein Grün mit Schlag
in Richtung Türkis mit mittlerer
Helligkeit und voller Sättigung.
Sie ist wärmer als Basiston 3,
aber sie wirkt künstlicher. Am in-
teressantesten sind die schwa-
chen Sättigungen.

Farbe 11
Die Farbe ist als Grün-Grau zu
benennen. Sie wirkt physiologisch im Farbkreis deutlich dunk-
ler als Türkis. Durch die schwa-
che Sättigung entstehen grün-
liche und kalte Grautöne, die gut
als Stützfarben einzusetzen sind.

11.1   11.2   11.3

Basiston 12
Farbwinkel: 62 °
Helligkeit: 59 %
Sättigung: 100 %
Basis 12 ist ein Gelb mit mini-
malem Grünanteil in mittlerer
Helligkeit und voller Sättigung.
Sie erinnert an reife Zitronen und
bekommt in den Bereichen mit
schwacher Sättigung einen
Ocker-Charakter.

Farbe 12
Die Farbe ist als Zitronen-Gelb
zu benennen. Sie wirkt physiologisch im Farbkreis am hellsten. In
den hohen Sättigungen entstehen freundliche Frucht-Töne, bei
den gering gesättigten und sehr
hellen Stufen entstehen sandige
Ocker-Töne, die das Weiß in der
gesamten Farbpalette ersetzen
können.

12.4   12.5   12.6

Basiston 13
Farbwinkel: 8 °
Helligkeit: 59 %
Sättigung: 100 %
Basis 13 ist ein Orange mit aus-
geprägtem Rotanteil in mittlerer
Helligkeit und voller Sättigung.
Bei starker Sättigung hat sie
Jod-Charakter, bei schwacher
Sättigung bekommt sie einen
Mauve-Ton.

Farbe 13
Die Farbe ist als Orange zu benennen. Sie besitzt physiologisch
im Farbkreis eine mittlere Helligkeit. In den mittel gesättigten und
dunkleren Stufen entstehen
warme Brauntöne, in den
schwach gesättigten, hellen Stufen hingegen kältere Rot-Grau-
Töne.

13.1   13.2
13.3   13.4   13.5
13.6   13.7   13.8

Basiston 14
Farbwinkel: 356 °
Helligkeit: 59 %
Sättigung: 100 %
Basis 4 ist ein Rot mit einem ge-
wissen Anteil von neuem Purpur
in mittlerer Helligkeit und voller
Sättigung. Interessant wird die
Farbe in ihren Abtönungen gegen
Weiß (Fruchtfarbe).

Farbe 14
Die Farbe ist als Rot zu benennen. Sie besitzt physiologisch im
Farbkreis eine geringe Helligkeit.
In den stark gesättigten und hel-
leren Stufen kippt die Farbe über
ein zartes Lachsrot bis ins Him-
beerrote um.

14.1   14.2   14.3

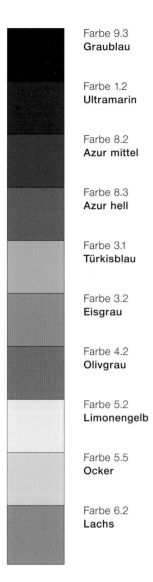

Farbe 9.3
Graublau

Farbe 1.2
Ultramarin

Farbe 8.2
Azur mittel

Farbe 8.3
Azur hell

Farbe 3.1
Türkisblau

Farbe 3.2
Eisgrau

Farbe 4.2
Olivgrau

Farbe 5.2
Limonengelb

Farbe 5.5
Ocker

Farbe 6.2
Lachs

Farbgestaltung Stuhlfamilien Grammer Cougar und Puma

Das Designkonzept im Auftrag »International Success Chair« beinhaltete auch ein umfangreiches Farb- und Materialkonzept, das die Entwicklung einer allgemeinen Farbfamilie als Richtlinie und die Ableitung von Einzelfarben für Lacke, *color badges* für Kunststoffspritzgussteile und die Stoffauswahl umfasste. (KS)

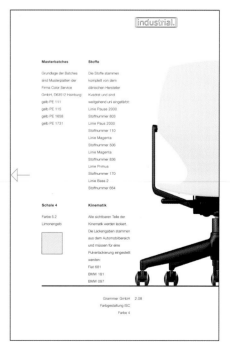

Abbildung linke Seite:
Präsentationsplakat
Farbgestaltung Stuhlfamilien
Puma und Cougar
Grammer Bürostuhl GmbH
stauss pedrazzini
2000

Abbildung rechte Seite links:
Farbreihe als Richtlinie
Farbgestaltung Stuhlfamilien
Puma und Cougar
Grammer Bürostuhl GmbH
stauss pedrazzini
2000

Abbildungen rechte Seiten rechts:
Dokumentationsseiten
Farbgestaltung Stuhlfamilien
Puma und Cougar
Grammer Bürostuhl GmbH
stauss pedrazzini
2000

(Die stauss pedrazzini partnerschaft fimierte von 1996 – 2000 unter dem Büronamen »industrial.«.)

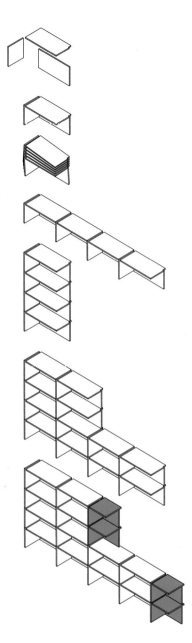

Modularität

Zusammen mit dem Designer
Sebastian Reymers entwickelte
ich ein multifunktionales Stau-
raum-Möbelsystem, das mit den
üblichen Nachteilen modularer
Systeme aufräumte: Weder besitzt es ein Rahmensystem, noch
Verbindungsknoten, noch dop-
peln sich Böden oder Seiten-
wände in der Addition auf. Das
System basiert auf halben Qua-
dern, deren drei an einer Ecke
zusammenstoßenden Seiten
fest miteinander verbunden werden und als stabiles und selbst-
tragendes Schalenbauteil das
Basismodul bilden. Diese werden
über Minifix-Schnellverbinder
vertikal und horizontal untereinander verbunden. (KS)

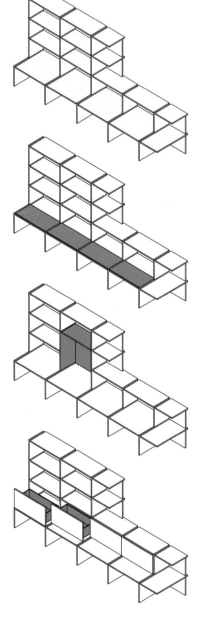

Zeichnungen:
Modulares Möbelsystem
Schemazeichnungen
design stauss grillmeier
in Zusammenarbeit mit
Sebastian Reymers Möbeldesign
2010

Photo:
Modulares Möbelsystem
Küchenprototyp
design stauss grillmeier
in Zusammenarbeit mit
Sebastian Reymers Möbeldesign
2010

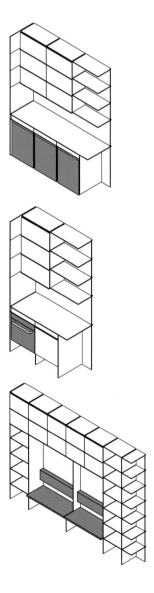

Modularität und Potenzial

Ein gutes Modulsystem wird meiner Meinung nach von drei Faktoren bestimmt: Einer geringen Teilevielfalt, einer hohen Variationsbreite und einem geringen Aufwand in Produktion und Montage. Viele berühmt gewordenen modularen Möbelsysteme besitzen keine dieser Eigenschaften und werden trotzdem gekauft.

Seit vielen Jahren denke ich über eine Auflösung dieses Paradoxons nach und komme zu folgenden Schlüssen:

Häufig scheint es den Käufern nicht um die pragmatischen Vorteile der Modularität zu gehen, sondern um ihre Zeichenhaftigkeit. Sie steht in unserer Kultur für Beweglichkeit und (auch geistige) Flexibilität, für Wandel und Dynamik und eine offene Zukunft. Die Zeichenhaftigkeit der Möbel überträgt sich emblematisch auf ihre Besitzer.

Das Potenzial einer Sache, das »Man könnte ... «, scheint in unserer Kultur heute wichtiger zu sein als der tatsächliche Bedarf. Wir besitzen viel mehr Gegenstände, als wir tatsächlich brauchen und benutzen. Das Potenzial scheint uns glücklich und mächtig zu machen.

Wir scheinen ein Bedürfnis nach Selbstbestimmtheit, nach Autonomie und Autarkie zu haben und möchten unser privates Umfeld selbst gestalten können. Wir akzeptieren nichts Vorgegebenes mehr und hätten gern die Wahl, auch wenn wir nur ein einziges Mal wählen.

Gegen diese Bedürfnisse und Wünsche ist nichts einzuwenden, sie sind für das Individuum legitim. Trotzdem ist es besser, sie mit einem effizienten und günstigen System zu befriedigen und zu erfüllen.

Gutes Design leistet eben beides: Es antwortet zugleich auf die pragmatischen und ästhetischen Anforderungen (die im Bereich der Wahrnehmung von Produkten liegen) und synthetisiert diese. (KS)

Photos:
Modulares Möbelsystem
Küchenprototyp
design stauss grillmeier
in Zusammenarbeit
mit Sebastian Reymers
Möbeldesign
2010

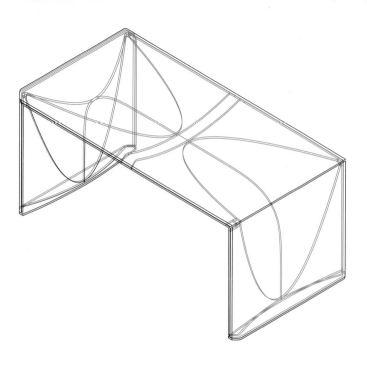

Schalenkonstruktionen

Verner Panton hat vorgemacht, wie man leichte und stabile *Monobloc*-Kunststoffstühle in Schalenbauweise fertigt. Schon länger dachte ich darüber nach, Tische als hohle Schalenkonstruktionen zu gestalten, um Gewicht zu reduzieren und die Hohlräume für Technikintegration und die überall notwendige Verkabelung nutzen zu können.

Nach Gestaltung der Minimalflächen im CAD wurde zusammen mit Colin Patterson Designworks, Dachau, ein Prototyp in Kohlefaserlaminat gebaut.

Der Kunststofftisch ist für den Transport in handliche Segmente zerlegbar und höheneinstellbar ausgeführt. Die innovative Gestaltung integriert sich mühelos in auch konventionelle Innenraumkonzepte. (KS)

**Zeichnung und Photos:
Schreibtischsystem
Schalenkonstruktion
design stauss grillmeier
in Zusammenarbeit
mit Colin Patterson
Designworks
2009**

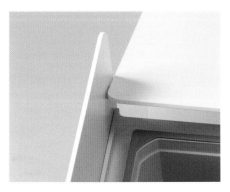

Photos:
Mülleimer-Trolley
Naber GmbH
stauss processform
2014

Photos:
Bank-Regal
Naber GmbH
stauss processform
2014

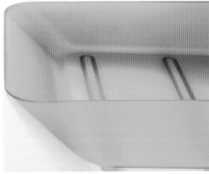

Universal Design

Betrachtet man zeitgenössische Küchen, so sind zwei genetische Codes erkennbar: Einerseits die auf Ablaufoptimierung und Verbesserung der sozialen Verhältnisse ausgerichteten Ansätze Margarete Schütte-Lihotzkys, andererseits die an Werkstätten und Großküchen orientierten Ansätze Otl Aichers.

Beide Ansätze waren wichtig und haben die Gestaltung weitergebracht. Auffallend ist allerdings, dass die generellen Bestrebungen der Barrierefreiheit, der Behindertengerechtheit und das Universal Design weder dort noch an aktuellen Küchen Wirkung gezeigt haben.

Hier setzte unser Projekt mit der Naber GmbH an: Wie können Spülbecken und Kochstellen so gestaltet werden, dass sie sowohl höheneinstellbar als auch mit Rollstühlen unterfahren werden können?

Im Ergebnis entstand eine modulare Küche, die es dem Benutzer überlässt, in welcher Höhe und ob er eher im Sitzen oder Stehen arbeiten möchte.

Die Modularisierung der einzelnen Funktionen löst sich von den Zwängen der Einbauküche und bietet den Nutzern eine Vielzahl von Möglichkeiten in der Aufstellung und Anordnung, da sie weder vom Raum noch der Haustechnik große Vorausset-

zungen benötigen. Die Medien Strom, Zuwasser und Abwasser werden in einem Schlauch gekoppelt der Spültischeinheit zugeführt. Das Abwasser wird über eine integrierte Hebeanlage abgeführt.

Somit können die Nutzer die verschiedenen Module längs oder quer wandhängend, an Möbel angedockt, als Traversenmodule zwischen Möbeln eingesetzt oder auch freistehend aufbauen. Die Module ermöglichen zudem die Ergänzung oder Umgruppierung, wenn sich die Rahmenbedingungen ändern. So können die Module ein lebenslanger Begleiter in unterschiedlichen Einrichtungen werden. (KS)

Photos:
Küchenstudie
»Modularer Spülstein«
Details
Naber GmbH
design stauss grillmeier
2012 – 2013
stauss processform
2013 – 2014

Photos Seiten
5.26 – 5.29:
Küchenstudie
»Modularer Spülstein«
Prototyp
Naber GmbH
design stauss grillmeier
2012 – 2013
stauss processform
2013 – 2014

signage design

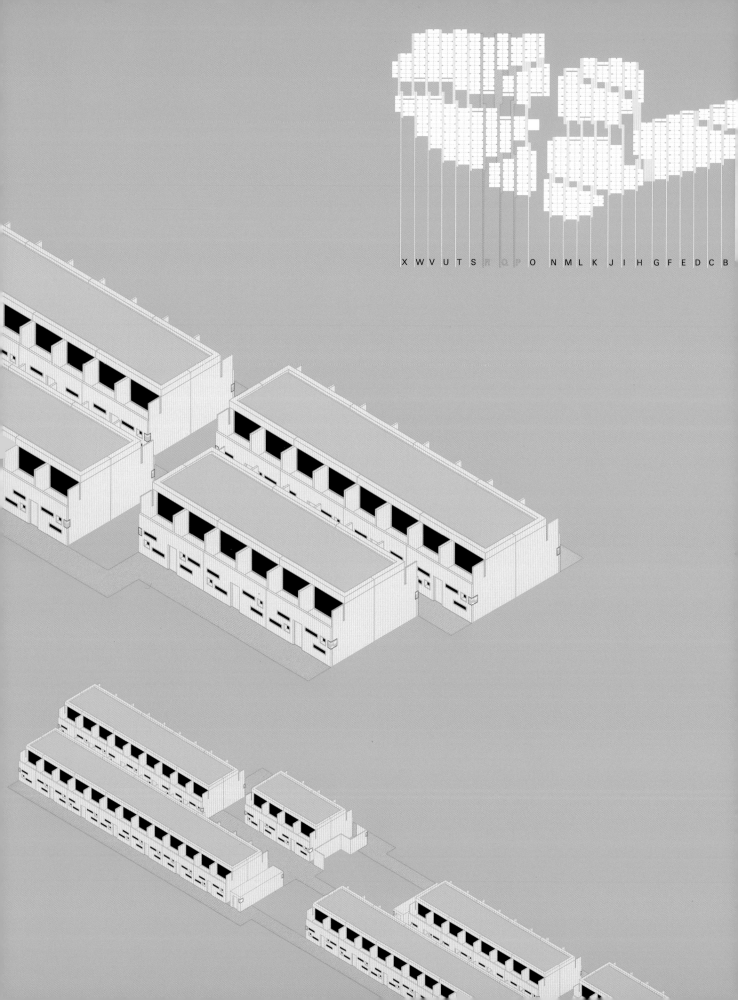

X W V U T S R Q P O N M L K J I H G F E D C B

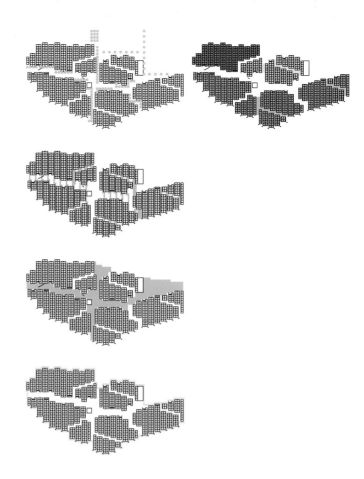

Maßstäbe

Architekten und Designer denken und arbeiten in anderen Maßstäben. Den Architekten interessiert die Stadt und das Haus (1:2000 bis 1:10), Designer denken eher im »Maßstab Mensch« (1:10 bis 1:1). Damit sehen die beiden Berufsgruppen auf das gleiche Problem aus unterschiedlichen Blickrichtungen. Dies macht Designer und Architekten zu sich gut ergänzenden Partnern, wenn sich darauf einlassen.

Der Architekt Werner Wirsing plante ab 1960 für das Olympische Dorf 1972 in München das sogenannte »Frauendorf«, eine Siedlung mit etwa 800 Flachbauten. Im Zuge der Sanierungen ab 2006 unter der arge werner wirsing bogevischs buero wurde das Büro stauss pedrazzini mit der Überarbeitung des Leit- und Orientierungssystems beauftragt. Die Arbeiten wurden ab 2008 vom Büro stauss grillmeier fortgeführt und 2010 abgeschlossen. (KS)

Informationssysteme, Hormone und Motivation

Schilder kommunizieren, gerade im Straßenverkehr, häufig auf der Ebene von Geboten und Verboten, was bei den Rezipienten zu einer Adrenalinreaktion und zu Stress führt.

Seltener wird auf der Ebene von Angeboten oder begleitender, sekundärer Information kommuniziert, die eher erfreut aufgenommen werden, was zu Dopamin- und Serotoninreaktionen führt. Mit diesen Hormonen werden Zustände wie Glück, Bestätigung, Zufriedenheit, Interesse, Ausgeglichenheit und Gelassenheit verbunden. Serotonin dämpft generell Angst.

Noradrenalin macht uns wach und aufmerksam, ruft aber nicht die negativen Stresssymptome wie Adrenalin hervor.

Man vertritt in der Motivationsforschung die These, dass auf Adrenalin basierende Motivation vermieden werden sollte, da hier zwei negative Effekte auftreten: Einerseits wird man nur dann motiviert, wenn der Zwang aufrechterhalten wird. Beispielsweise fahren die meisten Autofahrer nur dann mit an die Verhältnisse angepasster Geschwindigkeit, wenn Tempolimits gekennzeichnet sind. Fehlen diese, wird sofort deutlich aggressiver gefahren. Andererseits führt der autoritäre Zwang von adrenalingesteuerter Motivation zu Aggression und Vandalismus. »Macht kaputt, was Euch kaputt macht!« Jeder kennt die Bilder von mit Schrotkugeln durchsiebten Verkehrsschildern aus Amerika, wo die Menschen anscheinend ihre Aggressionen mit Schusswaffen im öffentlichen Raum unter Kontrolle bringen können oder müssen.

Bei der Gestaltung des neuen Leit- und Orientierungssystems für die sogenannten Studentenflachbauten im Olympischen Dorf München suchte ich nach einem Kommunikationsansatz, mit dem sowohl Interesse geweckt als auch Vandalismus vermieden werden kann.

Die Studentenflachbauten dienten während der Olympischen Spiele München 1972 als »Frauendorf«, denn die Männer waren von den Frauen getrennt untergebracht. Warum also nicht auf die Beschilderung der Gasse »A« alle Namen der damaligen Bewohnerinnen mit einem mit »A« beginnenden Nachnamen auflisten? So bekommt eine eher pragmatische und funktionale Kennzeichnung einen zusätzlichen Inhalt ähnlich einer Gedenktafel. Zudem ist auf jedem Schild ein Lageplan platziert, der die jeweilige Gasse eindeutig verortet.

Die Bewohner der Siedlung würdigen das System mit auffällig geringem Vandalismus. (KS)

Photos linke Seite:
Leit- und Orientierungssystem
Studentenflachbauten
Olympisches Dorf
München
Beschilderungs-
beispiele
Studentenwerk München
stauss pedrazzini
2006–2007
design stauss grillmeier
2008–2010

Photo rechte Seite:
Leit- und Orientierungssystem
Studentenflachbauten
Olympisches Dorf
München
Schilderdummy in der Bemusterungsphase
Studentenwerk München
stauss pedrazzini
2006

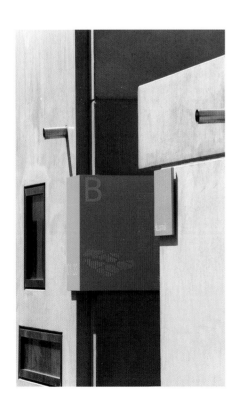

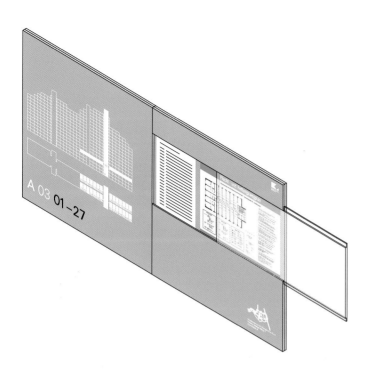

Photo:
Leit- und
Orientierungssystem
Studentenhochhaus
Olympisches Dorf
München
Eingang A
Studentenwerk München
stauss pedrazzini
2006 – 2007
design stauss grillmeier
2011 – 2012

Zeichnungen:
Leit- und
Orientierungssystem
Studentenhochhaus
Olympisches Dorf
München
Stockwerksschild,
Eingangssituationen und
Gebäudestruktur
Studentenwerk München
stauss pedrazzini
2006 – 2007
design stauss grillmeier
2011 – 2012

Gebäude und ihre Zeichenhaftigkeit

Das Studentenhochhaus Oberwiesenfeld im Olympischen Dorf München wurde anscheinend vom ursprünglichen Architekten Günther Eckert so schnell geplant, dass man an die Zeichenhaftigkeit von Eingangssituationen und die Planung eines angemessenen Foyers gar nicht mehr dachte. Dies führte bei den Bewohnern zu zwei Missverständnissen: Sie begriffen nicht, dass es sich eigentlich um zwei Hochhaushälften handelte, die durch ein unpassierbares Brandschott voneinander getrennt waren, und sie fanden die Eingänge nicht, da diese tief in die Fassade zurückgesetzt neben den beiden Treppenhaustürmen platziert wurden.

Bei der Konzeption und Gestaltung des neuen Leit- und Orientierungssystems während der Sanierung des Gebäudes durch die Architekten Knerer & Lang, Dresden, galt es, das Gebäude in seiner Struktur sowie seine Eingänge klar lesbar zu machen.

Dabei wurde auf die Farben und die Typographie des Erscheinungsbildes der Olympischen Spiele 1972 München zurückgegriffen, welche von Otl Aicher und der Planungsgruppe 11 definiert worden waren und das Gelände immer noch prägen. (KS)

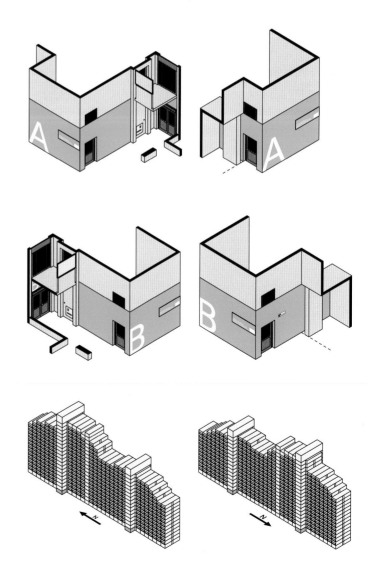

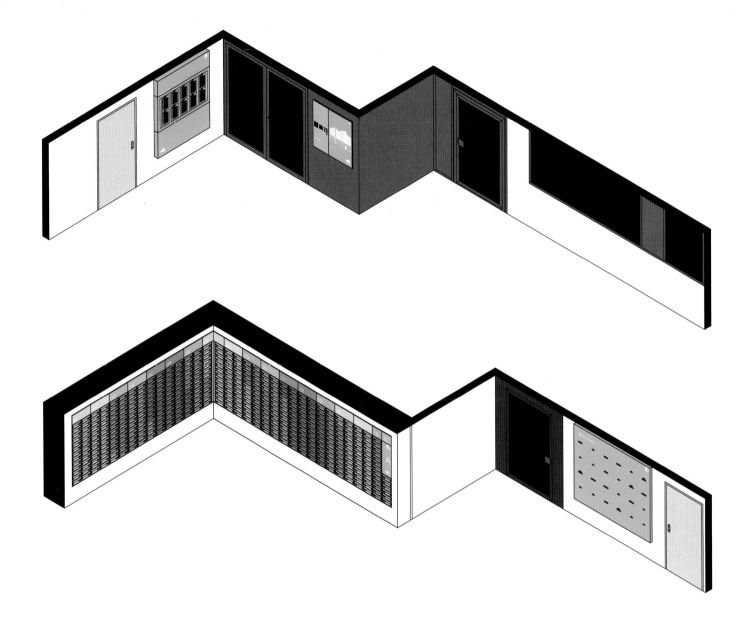

Zeichnungen:
Leit- und
Orientierungssystem
Studentenhochhaus
Olympisches Dorf
München
Foyer
Studentenwerk München
design stauss grillmeier
2011 – 2012

Photo:
Leit- und
Orientierungssystem
Studentenhochhaus
Olympisches Dorf
München
Briefkastenanlage
Studentenwerk München
design stauss grillmeier
2011 – 2012

Briefkastenanlage
Studentenhochhaus
Oberwiesenfeld

Im relativ engen und niedrigen Foyer des Studentenhochhauses waren in den Eingängen A und B auch Briefkastenanlagen unterzubringen. Leider ließen sich nicht alle Briefkästen eines Stockwerkes vertikal übereinander platzieren, da Maximal- und Minimalhöhen eingehalten werden mussten. Hier entwickelten wir eine Gestaltung, die die Stockwerke mit ihren notwendigen Versprüngen immer im Wechsel in den sieben Farben der Olympischen Spiele München 72 kennzeichnet. Das dabei entstehende, konkrete Farb- und Flächenspiel trägt ganz erheblich zur positiven Stimmung im Foyer bei, in dem es die Monotonie der seriellen Briefkastenanlage auf logische und nachvollziehbare Weise bricht. Farbe ist hier keine beliebige,

individuell entschiedene Variable, sondern eine Konstante, die die Orientierung und Nutzung erleichtert.

Historisch existierte diese Gestaltung im Jahr 1972 nicht. In Anbetracht des Ensemble-Schutzes für das Olympische Dorf argumentierten wir, dass eine solche Gestaltung aber zur Erbauungszeit möglich gewesen wäre. Schließlich war die gesamte, temporäre Ausstattung des Geländes bunt.

Auf zeitgenössischen Photographien ist zu erkennen, dass Innen- und Außenräume mit Fahnen, bunten Stoffbahnen, Plakatstellwänden, Kiosks und Serviceeinrichtungen übervoll waren. Es schien eine positive, offene und jugendliche Grundstimmung geherrscht zu haben, die direkt an *Yellow Submarine* erinnert. Mit dem Ende der Olympischen Spiele München 72 verschwand diese Ausstattung. (KS)

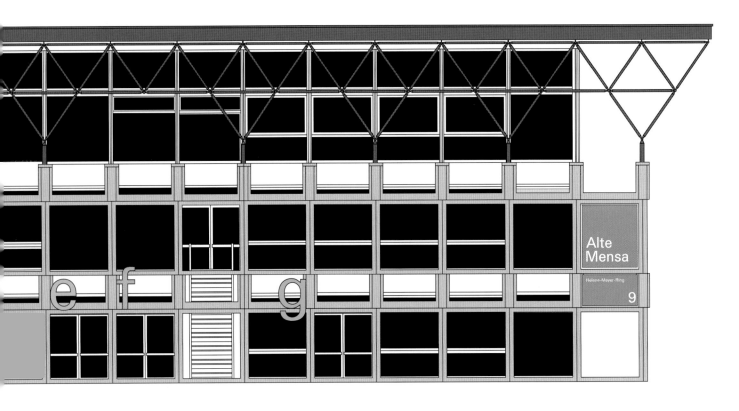

**Leit- und Orientierungssystem
Alte Mensa
Olympisches Dorf München**

Wie kennzeichnet und beschildert man ein Gebäude, das über 13 verschiedene Eingänge auf unterschiedlichen Ebenen und auf allen Seiten besitzt? Was tun, wenn dieses Gebäude dazu weder einen klaren Haupteingang noch eine logische innere Erschließung bietet? Und was soll man davon halten, wenn ein Gebäude »Alte Mensa« genannt wird, eine solche aber weder beherbergt noch typologisch nach einer solchen aussieht?

Ein erster Schritt war die Einführung großer Flächen an den südwestlichen und südöstlichen Gebäude-Ecken sowie an der nördlichen Fassade zur Gebäudekennzeichnung.

Einen zweiten Schritt stellte die Idee dar, dass – wenn sowieso jeder Eingang gekennzeichnet werden muss – diese mit einem Buchstabencode versehen gleich zur Ergänzung der Hausnummer benutzt werden können. Eine bestimmte Funktion oder Nutzung im Gebäude befindet sich dann eben in der »Alten Mensa, Helene-Mayer-Ring 9, Eingang d«.

In einem dritten Schritt wurde dem ursprünglich vom Architekten Günther Eckert entworfenen und nun von Muck Petzet Architekten, München, sanierten Gebäude etwas Farbe und Fröhlichkeit in der äußeren Erscheinung durch die Beschilderung hinzugefügt. Schließlich war es während der Olympischen Spiele München 1972 von vielfältigen und bunten temporären Einrichtungen umgeben und auch in gleicher Weise innen ausgestattet.

Die Eingangskennzeichnungen wurden mit typischen Gehäusen für Leuchtbuchstaben umgesetzt. Als Fronten wurden dabei Blechflächen eingesetzt, die in den sechs Buntfarben des Erscheinungsbildes der Olympischen Spiele München 1972 im Wechsel lackiert wurden. (KS)

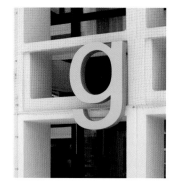

Zeichnung:
Leit- und
Orientierungssystem
Alte Mensa
Olympisches Dorf
München
Kennzeichnung
der Eingänge an
der Fassade
Studentenwerk München
design stauss grillmeier
2011 – 2012
stauss processform
2013 – 2014

Photos:
Leit- und
Orientierungssystem
Alte Mensa
Olympisches Dorf
München
Kennzeichnung der
Eingänge im Detail
Studentenwerk München
design stauss grillmeier
2011 – 2012
stauss processform
2013 – 2014

Photos nächste
Doppelseite:
Leit- und
Orientierungssystem
Alte Mensa
Olympisches Dorf
München
Pinnwandsystem und
Türkennzeichnung
Studentenwerk München
design stauss grillmeier
2011 – 2012
stauss processform
2013 – 2014

h6

Psychotherapeutische und Psychosoziale Beratungsstelle
Montag bis Freitag
09.00 bis 12.00 Uhr
Anmeldung im Sekretariat

Photos:
Übergreifendes
Leit- und
Orientierungssystem
Olympisches Dorf
München
Studentenwerk München
design stauss grillmeier
2011 – 2013
stauss processform
2013 – 2014

Zeichnung:
Übergreifendes
Leit- und
Orientierungssystem
Olympisches Dorf
München
Studentenwerk München
design stauss grillmeier
2011 – 2013
stauss processform
2013 – 2014

Übergeordnetes
Leit- und Orientierungssystem
Studentenwerk
Olympisches Dorf München

Während der Olympischen Spiele München 1972 wurden die Studentenflachbauten, das Studentenhochhaus, die Studenstenstufenbauten und die Alte Mensa zur Unterbringung der Sportler und ihrer Betreuer eingesetzt. Für die vorgesehene Nachnutzung der Bauten durch das Studentenwerk München existierte keine zusammenfassende Beschilderung.

Während der Gestaltung des neuen Leit- und Orientierungssystems für die Studentenflachbauten entwickelten wir 2007 einen Vorschlag für eine vierseitige, korbartige und freistehende Stele, die aber vom Auftraggeber abgelehnt wurde.

Erst im Rahmen der Sanierungen des Studentenhochhauses und der Alten Mensa wurde diese Idee wieder aufgegriffen und leicht abgewandelt auch umgesetzt.

Farben, Pfeile, Typographie und Formate entsprechen den Vorgaben des Erscheinungsbildes von 1972. Die korbartige Form ist neu, bündelt aber vielfältige Informationen für vier Wegrichtungen in einem einfachen und zurückhaltenden Objekt, welches sich gut in den historischen Bestand integriert. (KS)

Das Ende einer Utopie

Die Geiselnahme der israelischen Mannschaft während der Olympischen Spiele München 72 durch die palästinensische Terror-Organisation »Schwarzer September«, bei der insgesamt 17 Menschen ums Leben kamen, bedeutete mehrfach das Ende einer Utopie, die ein offenes Gelände ohne Zugangskontrollen, Uniformen, Abzeichen und bewaffnete Sicherheitskräfte postulierte. Die Spiele München 1972 waren ein pluralistischer, friedlicher und demokratischer Gegenentwurf zu den totalitären, kämpferischen und diktatorischen Spielen von Berlin 1936.

In München zeigte sich nur 36 Jahre nach den Spielen in Berlin ein völlig verändertes Deutschland der Welt. Die Potenziale freiheitlicher Ansätze wurden hier wie in einem Labor ausgelotet. München 72 war auch ein politisches, gesellschaft-liches und kulturelles Experiment, das mit dem Attentat jäh unterbrochen wurde. Die 70er Jahre endeten, bevor sie richtig begonnen hatten und man begann in einem ebenso jähen Reflex, sich von den Utopien und Visionen zu verabschieden.

Viele Besucher des Olympiaparks und des Olympischen Dorfes München möchten das Gebäude, in dem die Geiselnahme stattfand, zum Gedenken aufsuchen. Gleiches gilt für den von dem Künstler Fritz Koenig als Mahnmal gestalteten »Klagebalken« auf der Hanns-Braun-Brücke.

Im Auftrag des Baureferates München gestalteten wir Beschilderungselemente an den Ausgängen der U-Bahn-Haltestelle »Olympiazentrum«, die die Besucher in vier Sprachen auf zwei verschiedenen Wegen zu den beiden Gedenkorten im Gelände weisen. (KS)

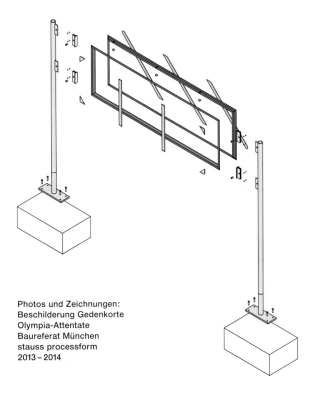

Photos und Zeichnungen:
Beschilderung Gedenkorte
Olympia-Attentate
Baureferat München
stauss processform
2013 – 2014

Information in der Landschaft

Das in Projektgemeinschaft mit SchwaigerWinschermann, München, und Dr. Huber Media Professionals, Augsburg, entworfene Leit- und Orientierungssystem für die Gemeinde Pöcking verfolgte mehrere Ziele:

Erstens sollte sich die Beschilderung gut in die jeweiligen Ortsbilder und Landschaften integrieren. Zweitens sollten die Informationen in Themenbereiche sortiert werden, die sich farblich unterscheiden. Drittens war ein System gewünscht, mit dem spätere Veränderungen und Nachrüstungen leicht umzusetzen sind. Viertens wurde eine einfache Konstruktion gesucht, die einerseits von örtlichen Betrieben gefertigt werden kann und sich andererseits auch ästhetisch in das agrarisch geprägte Umfeld integriert.

Die aus schlanken, aber tiefen Stahlstreifen gefertigten Tragstrukturen, die modular zusammengesetzt sind, werden mit vierseitig abgekanteten Blechflächen in den Formaten Din A0 quer, DIN A1 hoch und DIN A1 hoch halbe als Informationsträgern gefüllt. Die Blechflächen steifen die Tragstruktur erst endgültig aus.

Aus diesen Prinzipien wurde eine ganze Familie unterschiedlicher Schildertypen für verschiedene Aufgaben abgeleitet. (KS)

Zeichnungen:
Leit- und Orientierungssystem
Gemeinde Pöcking
stauss pedrazzini in Projektgemeinschaft mit SchwaigerWinschermann, München, und Dr. Huber Media Professionals, Augsburg
2007

Photo:
Leit- und Orientierungssystem
Gemeinde Pöcking
stauss pedrazzini und design stauss grillmeier in Projektgemeinschaft mit SchwaigerWinschermann, München, und Dr. Huber Media Professionals, Augsburg
2007 – 2010

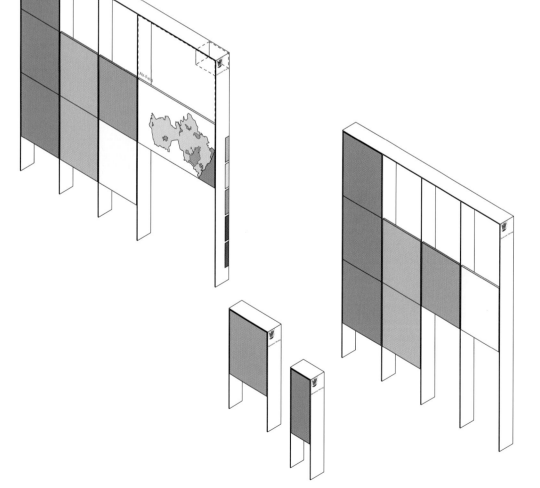
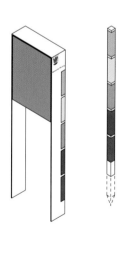

Zeichnung:
Farbsystem
Gemeinde Pöcking
stauss pedrazzini
in Projektgemeinschaft
mit SchwaigerWinscher-
mann, München, und
Dr. Huber Media Profes-
sionals, Augsburg
2007

Farbsystem
Gemeinde Pöcking

Im Rahmen der Arbeiten am neuen Erscheinungsbild und der Beschilderung der Gemeinde Pöcking wurde ein neues Farbsystem entwickelt, aus dem alle zur Anwendung kommenden Farben abgeleitet wurden (mit Ausnahme des Grüns).

In diesem Farbsystem spannen die vier Primärfarben Mittelblau, Gelb, Rot und Violettblau eine Raute auf. Als Mischungen aus den Primärfarben ergeben sich die Sekundärfarben Orange, Violett, Preußischblau und Lindgrün. Zwischen den Primär- und Sekundärfarben werden jeweils drei weitere Abmischungen vor-

genommen. Im Zentrum des Farbsystems steht ein warmes Grau.

Die acht stark gesättigten Buntfarben kommen vor allem zur Kennzeichnung der großen touristischen Wanderwege auf dem Gemeindegebiet zum Einsatz. Zusätzlich können sie in anderen Zusammenhängen als Schmuckfarben eingesetzt werden.

Bestimmte Farbmischungen aus dem Zentrum werden extrahiert und gegen Weiß abgetönt. Hieraus wurden fünf Töne ausgewählt, um als Hintergrundfarbe zu dienen. Das Hintergrundblau ist die Hauptfarbe im Erscheinungsbild der Gemeinde Pöcking. (KS)

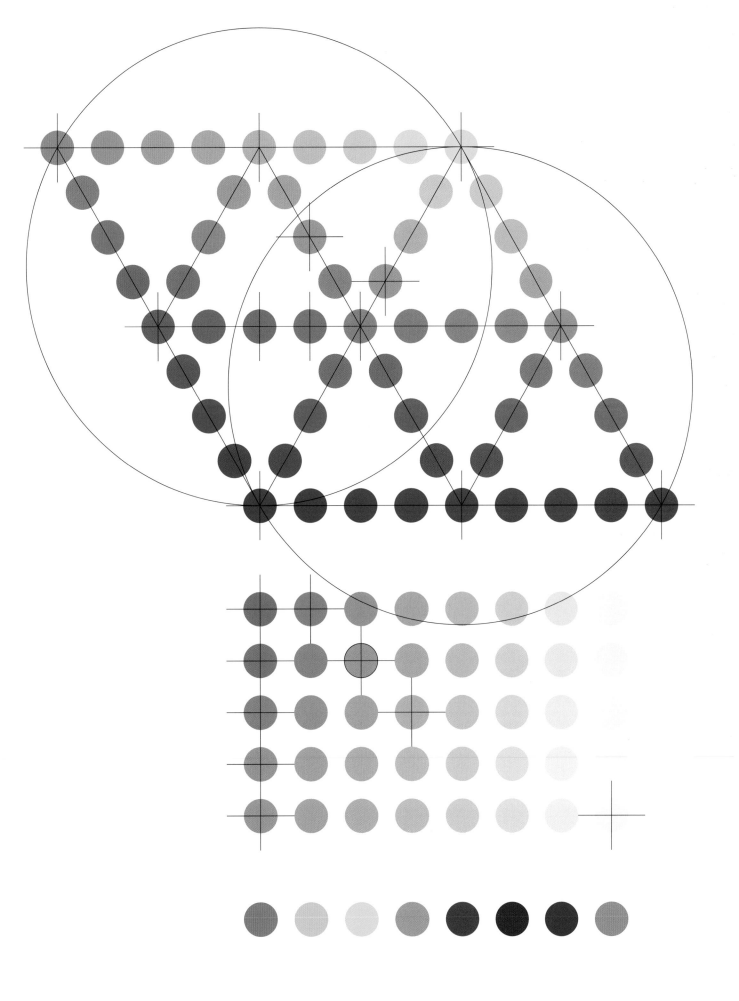

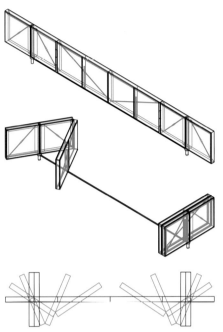

Photo vorherige
Doppelseite links:
Leit- und Orientie-
rungssystem
Großstele
Baierl & Demmelhuber
Innenausbau GmbH
stauss pedrazzini
2007
design stauss grillmeier
2008 – 2009

Photo vorherige
Doppelseite rechts:
Leit- und Orientie-
rungssystem
Eingangstor und Ge-
bäudekennzeichnung
Baierl & Demmelhuber
Innenausbau GmbH
stauss pedrazzini
2007
design stauss grillmeier
2008 – 2009

Zeichnungen:
Leit- und Orientie-
rungssystem
Prinzip der Falttore
Baierl & Demmelhuber
Innenausbau GmbH
stauss pedrazzini
2007
design stauss grillmeier
2008 – 2009

Photo linke Seite:
Leit- und Orientie-
rungssystem
Falttor offen
Baierl & Demmelhuber
Innenausbau GmbH
stauss pedrazzini
2007
design stauss grillmeier
2008 – 2009

Photos rechte Seite:
Leit- und Orientie-
rungssystem
Gebäudekennzeich-
nung und Detail Falttor
Baierl & Demmelhuber
Innenausbau GmbH
stauss pedrazzini
2007
design stauss grillmeier
2008 – 2009

Big Blue

Das Firmengelände der Baierl & Demmelhuber Innenausbau GmbH in Töging am Inn ist in den letzten 40 Jahren konzentrisch gewachsen. Dies ist ein typischer Umstand bei dynamischen Firmen, bringt aber das Problem mit sich, dass die Geländegrenze immer weiter nach außen verschoben wird und sich nie manifestiert. An der Geländegrenze werden viele Firmen also von Besuchern schlecht wahrgenommen.

Anstatt großer Zaun- und Einfriedungsanlagen entwickelten wir für die Ein- und Ausfahrten zum Gelände große, 12 Meter breite Falttore, die sich geschlossen als monolithischer blauer Riegel quer zur Fahrtrichtung präsentieren.

Big Red

Werden die Tore der Ein- und Ausfahrten zum Gelände geöffnet, so falten sie sich zusammen und präsentieren ihre saturnrote und aktive Innenseite längs zur Fahrtrichtung. Die Torflächen tragen zudem graphische Kennzeichnungen und Wegeführungselemente auf ihrer Innenseite.

Die Tore machen so gewissermaßen eine Metamorphose vom verschließenden Tor zum kennzeichnenden und hinweisenden Schild durch.

Sie bilden mit ihren großen Farbflächen attraktive Blickfänge im Vordergrund, die von den heterogenen Strukturen im Hintergrund ablenken und diese in der Erscheinung für die Besucher homogenisieren. (KS)

Photos:
Leit- und Orientierungssystem
Ernst-Barlach-Grund- und Hauptschule
Aussenbeschilderung
Stiftung Pfennigparade
design stauss grillmeier
in Projektgemeinschaft mit
SchwaigerWinschermann
2011 – 2013

Konstanten oder Variablen?

Typischerweise wird als Ergebnis von Designprozessen eine Homogenisierung der Gestaltung mit der Einführung von Konstanten bei einem möglichst geringen Anteil von Variablen erwartet. In dieser Erwartung drückt sich die Hoffnung aus, dass mit Konstanten ein durchgängiges Erscheinungsbild geschaffen und durch eine Gleichteilstrategie Produktions-, Montage- und Wartungskosten eingespart werden können.

Die Stiftung Pfennigparade hatte als Auftraggeber eines neuen Leit- und Orientierungssystems für ihr Gelände an der Barlachstraße in München und vor allem für die Beschilderung der neuen Ernst-Barlach-Grund- und Hauptschule andere Bedürfnisse: Da sich die Stiftung um Menschen mit Schädingungen des zentralen Nervensystems, um Menschen mit Körperbehinderungen und um Menschen mit Dauerbeatmung kümmert, musste mit den visuellen Elementen des Leit- und Orientierungssystems völlig anders umgegangen werden.

Eine Wiederholung immer gleicher Konstanten würde hier eher für Orientierungslosigkeit sorgen.

Für die Bewohner, Schüler, Auszubildenden, Mitarbeiter und Angehörigen musste ein beschilderungssystem mit klar voneinander unterscheidbaren *way points* und *land marks* geschaffen werden, die im Gedächtnis haften bleiben.

Wir entwickelten hierfür auf Basis eines industriell hergestellten Aluminium-Strangpress-Profils und wenigen Typen von Schilderflächen ein System mit breit angelegten Gestaltungsmöglichkeiten. Unser Ziel war es, dass sich die verschiedenen *way points* optimalerweise in vier Eigenschaften voneinander unterscheiden:

– Farbe
– Form bzw. Figur
– lesbare Inhalte
– bildhafte Inhalte

Zudem besitzen alle Elemente der Führungsbeschilderung außen taktil lesbare Inhalte für sehbehinderte Menschen. (KS)

Klassenzimmer Berufs- und Lebensorientierung		**3**
		Räume 3.01 bis 3.34
Klassenzimmer Beratungsstelle ELECOK		**2**
		Räume 2.01 bis 2.34
Förderzentrum Grund- und Mittelschule Schulleitung Sekretariat Lehrerzimmer Klassenzimmer Pflegeraum		**1**
		Räume 1.01 bis 1 40

Kindergarten / SVE
Leitung

Geschäftsführung

Informationspunkt

Mehrzweckraum

WC Besucher

E

Räume
E.01 bis E.32

Kletterwand

Busbahnhof

Lager / Rollstuhlraum

Technische Einrichtungen

U

Räume
U.01 bis U.29

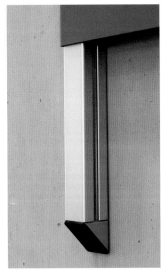

Photos:
Leit- und Orientierungssystem
Ernst-Barlach-Grund- und Hauptschule
Stockwerksübersichten
Stiftung Pfennigparade
design stauss grillmeier
in Projektgemeinschaft mit
SchwaigerWinschermann
2011 – 2013

Am Beispiel der Stockwerksübersichten lässt sich das neuentwickelte Gestaltungsprinzip
verdeutlichen:

Die Stockwerksübersichten
sind vertikal ausgerichtet, die
Führungs- und Bereichsbeschil-
derungen innerhalb eines Stock-
werks horizontal. Die Ausrich-
tung wird zum Merkmal.

Alle Stockwerksübersichten
besitzen violettblaue Schilderflächen. Die Farbe wird zum
Merkmal für einen Typ und einen Ort.

Die lesbaren Inhalte sind
klar gegliedert: Die Stockwerks-
kodierungen haben eine eigene
Position, Größe und Farbe, die
sich von den Lauftexten unterscheidet. Typographie wird zum
Merkmal.

Jedes Stockwerk wird zu-
sätzlich mit einem von den
Schülern bzw. Mitgliedern der
Malgruppe der Stiftung Pfennigparade selbst gestalteten Bild
gekennzeichnet. Bildhaftes wird
zum Merkmal.

Das jeweils aktuelle Stockwerk wird aus der Reihe der anderen Schilder »herausgeklappt«.
Form wird zum Merkmal.

Zu Beginn des Projektes
setzten sich alle Beteiligten mit
dem für barrierefreien Beschil-
derungen vorgeschriebenen
Mehr-Sinne-Prinzip auseinander,
das besagt, dass jede Information mit mindestens zwei Sinnen
wahrgenommen können werden
muss. Dies wurde vor allem im
Außenbereich verwirklicht.

Im Inneren konzentrierten
wir uns im Wesentlichen auf die
visuelle Wahrnehmung, da takti-
le oder auditive Wahrnehmung
aufgrund der Standorte oder
der generell hohen Lautstärke
in den Verkehrsflächen von
Schulen nicht umsetzbar war.

Im visuellen Bereich ver-
suchten wir jedoch, die unterschiedlichsten Formen von Wahrnehmung anzusprechen, um der
vom Alter und den jeweiligen
Fähigkeiten sehr heterogenen
Gruppe der Nutzer den Alltag
zu erleichtern. (KS)

Unsere Gruppe

5B

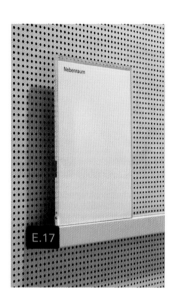

Photos:
Leit- und Orientierungssystem
Ernst-Barlach-Grund- und Hauptschule
Türbeschilderung
Stiftung Pfennigparade
design stauss grillmeier
in Projektgemeinschaft mit
SchwaigerWinschermann
2011 – 2013

Photo nächste Doppelseite links:
Leit- und Orientierungssystem
Ernst-Barlach-Grund- und Hauptschule
Toilettenbeschilderung
Stiftung Pfennigparade
design stauss grillmeier
in Projektgemeinschaft mit
SchwaigerWinschermann
2011 – 2013

Photo nächste Doppelseite rechts:
Leit- und Orientierungssystem
Ernst-Barlach-Grund- und Hauptschule
Stockwerkskennzeichnung
Stiftung Pfennigparade
design stauss grillmeier
in Projektgemeinschaft mit
SchwaigerWinschermann
2011 – 2013

Partizipation

Schulen sind in bürgerlich-demokratischen Gesellschaften ein Ort der Erziehung zu freien Menschen. Auch ein Leit- und Orientierungssystem kann dazu beitragen. Im negativen Fall kann es hauptsächlich aus Geboten und Verboten ähnlich der Verkehrsbeschilderung bestehen. Dies bringt angstgesteuerte Menschen hervor, die sich beständig fürchten, etwas falsch zu machen. Üblicherweise besteht es aus Angeboten und Merkmalen, die den Alltag begleiten und wahrgenommen werden können, aber nicht müssen. Im positiven Fall besteht es aus Elementen, die die Nutzer selbst beeinflussen und nach ihren Bedürfnissen verändern können: Partizipation. Als Designer schafft man hier nur eine Basis zur Mitarbeit und hofft auf die Inbesitz- und Inbetriebnahme durch die Nutzer.

Da frisch eingeschulte Grundschulkinder im seltensten Fall lesen können – und wahrnehmungseingeschränkte Kinder hier natürlich zusätzliche Schwierigkeiten haben – entwarfen wir als Türschild für die Klassenräume eine von den Schülern und Betreuern selbst mit Kreiden zu beschriftende Schiefertafel.

Mit dieser können sich Klassen der selben Jahrgangsstufe auf dem gleichen Stockwerk der Schule beispielsweise eigene Unterscheidungsmerkmale schaffen oder Feiertage, Ferien oder Feste ankündigen.

Auch die Lehrer und Betreuer bekommen Schilderflächen, die sie sich über Papiereinleger selbst gestalten und organisieren können.

Es tat gut zu sehen, wie dieses Angebot nach Eröffnung der Schule positiv angenommen wurde und alles nach wenigen Tagen gekennzeichnet war. (KS)

Klassenzimmer

Beratungsstelle ELECOK

2

Räume
2.01 bis 2.34

Photos:
Leit- und Orientierungssystem
Stadtbibliothek Freising
Staatliches Hochbauamt Freising
stauss pedrazzini
2006

Führung oder Motivation?

Eine Stadtbibliothek lässt sich nicht linear in dem Sinne beschildern, dass der Besucher vor dem Betreten der Bibliothek oder einer Abteilung ein klares Ziel hat, das benannt werden und ausgeschildert werden kann. Dies wäre bei einer Universitätsbibliothek oder einem regelrechten Archiv durchaus denkbar.

Eine Stadtbibliothek funktioniert anders: Sie stellt ein Bildungs- und Leseangebot an die breite Bevölkerung dar, das an alle Alterstufen, Bildungsschichten und Einkommensklassen gerichtet ist.

Ein Besucher kennt möglicherweise den Unterschied zwischen Belletristik und Sachbuch nicht und weiß eventuell noch gar nicht, dass er sich auch für Lyrik oder Geographie interessieren könnte.

Den Kern des Leit- und Orientierungssystems für die neue Stadtbibliothek Freising bildet deswegen eine Beschriftung aller Regalflanken in der Art eines *Drop Down Menue*. Es bietet den Besuchern an jeder Stelle der Bibliothek eine Übersicht über alle Abteilungen sowie zu allen Unterthemen in der jeweils lokalen Abteilung.

Das System bedient ein Bedürfnis der Besucher: Weitgehend selbständig suchen, finden und entdecken zu können. (KS)

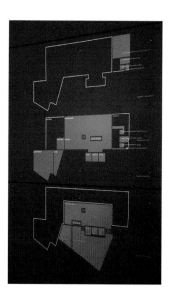

kinderbibliothek
jugendbibliothek
sachbuchbibliothek
romane und belletristik

anthologien
bayern
biografische romane
cartoon
comic
fantasy
film
gruseln
heimatromane
historische romane
hören
hören und sehen
krimi
kurzprosa
lyrik
märchen und fabeln
neue frau
psychothriller
romane, alphabetisch
romane, englisch
romane, französisch
romane, italienisch
romane, spanisch
romane, sonstige sprachen
sagen und legenden
satire
schauspiel
science fiction
thriller
witze

teaching design

Lehre

Im Herbst 2007 wurde ich zum Professor für das Fach »Interior Design« an der Fakultät für Innenarchitektur der Hochschule Rosenheim berufen. Der Professur ging eine Dozententätigkeit an der Akademie für Gestaltung im Handwerk der Handwerkskammer für München und Oberbayern von 1999 bis 2007 voraus, bei der ich das Fach »Dreidimensionale Gestaltung« für die berufsbegleitenden Kurse übernahm.

Die Frage, was ein studierter Produktgestalter an einer Architekturfakultät zu suchen hat, wird oft gestellt. Sie berührt Kernfragen der Beziehung Design zu Architektur: Was wurde von den Menschen in ihrer Entwicklung zuerst gestaltet? Werkzeuge, Artefakte und dann Behausungen? Meiner Ansicht nach kann diese Frage nicht beantwortet werden und ihre Auflösung ist auch nicht wichtig. Relevant ist zu erkennen, dass der aufrecht gehende Mensch sich Hilfsmittel zur Erfüllung seiner Grundbedürfnisse schuf. Die Dimensionen dieser Hilfsmittel orientierten sich an den Maßstäben der Hand (Werkzeuge), des Körpers (Kleidung, Behausung) und der Gemeinschaft (Nahrung, Behausung, Kommunikation und Transzendenz). Die Entwicklung von Artefakten unterschiedlichster Größe ist menschlich. In den Klimazonen, die von den Menschen besiedelt wurden, befriedigt die Entwicklung von Artefakten Grundbedürfnisse und sichert das Überleben.

Warum lehren wir nun die Konzeption, Entwicklung, Konstruktion, Produktion und Anwendung von Artefakten, seien sie Architektur oder Gerät? Aus mehreren Gründen:

– Die Welt ist sehr komplex geworden.
– Die tradierte Wissensvermittlung von Generation zu Generation hält nicht mehr Schritt mit den Veränderungszyklen der Umwelt und der Technik.
– Die arbeitsteilig organisierte moderne Welt verlangt nach Koordination der verschiedensten Ausbildungen und nach Kommunikation der Problemstellungen und Ergebnisse untereinander.
– Die Verknüpfung von Design und Architektur an Hochschulen ist geeignet, Entwerferinnen und Entwerfer hervorzubringen, die den Menschen mit seinen Bedürfnissen in den Mittelpunkt stellen und seine Probleme lösen.

Dies ist nicht neu für Architekturfakultäten, schließlich hat das Fach »Möbel und Gerät« an vielen Hochschulen und Universitäten eine lange Tradition.

Berühmte Vorbilder wie das vom Deutschen Werkbund gegründete Bauhaus oder die Cranbrook Academy of Art zeigten schon zu Beginn und in der Mitte des 20. Jahrhunderts, welche Ideen und Ergebnisse entstehen können, wenn der gestalterische Ansatz und die Organisation der Lehre interdisziplinär ausgerichtet sind.

Die Fakultät für Innenarchitektur der Hochschule Rosenheim ist mit durchschnittlich 550 Studierenden in den beiden Studiengängen Bachelor und Master sowie 15 originär der Innenarchitektur zugehörigen Professorinnen und Professoren die größte ihrer Art in Deutschland. Dazu kommen eine Vielzahl von speziellen Laboren und Werkstätten mit bestens ausgebildeten Mitarbeitern.

Das Fach »Interior Design«, das sich um die Vermittlung von Designkompetenzen an die Studierenden im Bereich von Möbeln, Ausstattungen sowie Produkten im Umfeld der Architektur kümmert, kann hier zusammen mit den Fachkollegen Prof. Rainer Haegele, Prof. James Orrom und Prof. Gabriel Weber hervorragend gelehrt werden. Zudem ist die Zusammenarbeit mit den Kolleginnen und Kollegen aus den Bereichen Raum, Entwurf, Darstellung, Technik und Licht gut eingespielt.

Die Fakultät für Innenarchitektur in Rosenheim besitzt den Vorteil, sich nicht an einer Hochschule für Gestaltung, sondern einer technisch und betriebswirtschaftlich ausgerichteten Hochschule zu befinden. Dies ermöglicht die interdisziplinäre Zusammenarbeit mit den Fakultäten Holztechnik und Bau, Kunststofftechnik, Maschinenbau, Elektrotechnik und Betriebswirtschaft auf einem Campus.

Bachelorstudium
1. Semester

Mein Ziel für die Lehre des Faches »Interior Design« ist es, die Studierenden im 1. Semester über das Gebiet der Polyedergeometrie an neue Raumvorstellungen, logische Systeme und leichte, aber hochstabile Schalenkonstruktionen heranzuführen. Eine theoretische Vorlesung über Polyedergeometrie und Designmethodik sowie teilweise Designgeschichte liefert das Rüstzeug für Seminare, in denen Papiermodelle gebaut und erste Entwürfe erstellt werden.

4. Semester

Im 4. Semester werden die theoretischen Kenntnisse der Studierenden mit der Vorlesung »Design und Kunststoff« vertieft und in den begleitenden Seminaren in Gruppenarbeit Möbelentwürfe erstellt, die bis hin zu Prototypen im Maßstab 1:1 führen.

5. Semester

Das 5. Fachsemester ist an der Fakultät für Innenarchitektur immer noch ein Praxissemester, welches zu einem deutlich wahrnehmbaren Sprung in der Persönlichkeitsentwicklung der Studierenden führt.

6. und 7. Semester

Hier können die Studierenden jeweils aus sechs Projektvorschlägen unterschiedlicher Professorinnen und Professoren wählen. Mein Ziel in diesem oberen Teil des Bachelor-Studiums ist es, mit den Studierenden Forschungs- und Industrie-Projekte durchzuführen, damit diese Erfahrungen mit konkreten Auftraggebern und Projektabläufen machen können.

7. und 8. Semester

Im diesem Zeitraum erarbeiten die Studierenden ihre Bachelor-Thesis. Da mir die Förderung der Eigenverantwortung von Gestaltern und Entwerfern wichtig ist, gebe ich nur selten ein globales Thema heraus, sondern betreue in den meisten Fällen von den Studierenden selbst gewählte Themen aufgrund einer schlüssigen Problemstellung.

Masterstudium
8. bis 10. Semester

Das Masterstudium Innenarchitektur bietet den Studierenden zwei Spezialisierungen an, die aber zum gleichen Abschluss führen: »Gestaltung Objekt« und »Gestaltung Raum«.

Im Bereich »Gestaltung Objekt« ist es mein Ziel, mit den Studierenden komplexere Forschungs- und Industrie-Projekte durchzuführen, die auch über zwei Studiensemester laufen können. Die Teilnehmer lernen so über einen längeren Zeitraum alle Leistungs- und Projektphasen kennen und übernehmen in dem von einem hohen Eigenarbeitsanteil geprägten Masterstudium zunehmend mehr Team- und Projektverantwortung.

Die das Studium abschließende Masterthesis muss von den Studierenden zu einem selbst gewählten Thema erstellt werden. (KS)

Polyedergeometrie

Als ich 2007 zum Professor an die Fakultät für Innenarchitektur der Hochschule Rosenheim für das Fachgebiet »Interior Design« berufen wurde, entwickelte ich für das 1. Semester eine Vorlesung zum Thema Polyedergeometrie, die durch Übungen in den anschließenden Seminaren begleitet wurde.

Mein Ziel war und ist es, den Studierenden durch die Beschäftigung mit der Polyedergeometrie ein größeres formales und konstruktives Repertoire zu verschaffen.

In der Polyedergeometrie bricht man aus dem vertrauten und vor allem statisch schwierigen orthogonalen System aus und lernt das Dreidimensionale sowie den Raum neu zu verstehen. Gleichzeitig übt man für die gestalterischen Berufe wichtige Entwurfs- und Planungsmethoden wie saubere Aufrisse und genauen und pragmatischen Modellbau mit Papier.

Die über 2000 Jahre alten Erkenntnisse zur Polyedergeometrie von Platon, Archimedes und anderen sind heute aktueller denn je, zeigen Sie doch materialsparende und effiziente Wege zum Bau von Systemen aus Stäben (Raumtragwerke) und Flächen (Schalenkonstruktionen), die für Architektur und Design gleichermaßen wichtig sind. (KS)

Abbildungen Seiten 7.06 – 7.09:
Charts aus der Vorlesung
»Polyedergeometrie«
Prof. Kilian Stauss
Fach Interior Design 1
Fakultät für Innenarchitektur
Hochschule Rosenheim
2010

Abbildungen Seiten 7.10 – 7.11:
Plakate
»Form 1« und »Form 2«
DIN A1 hoch
Prof. Kilian Stauss
Fach Interior Design 1
Fakultät für Innenarchitektur
Hochschule Rosenheim
2010

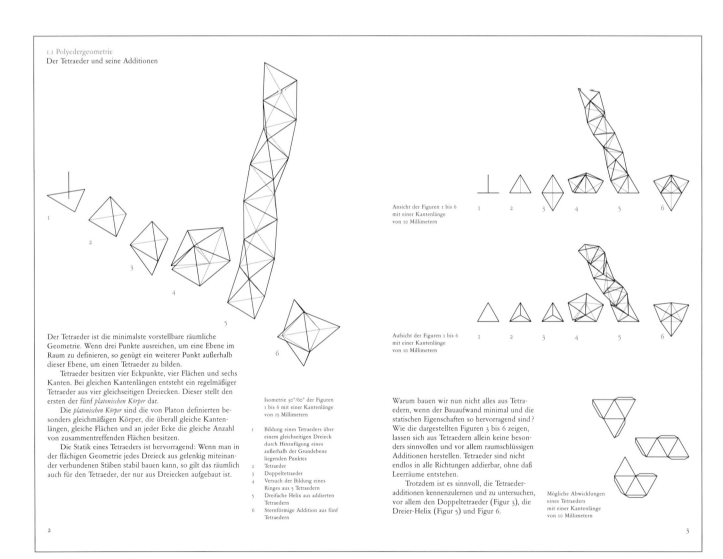

1.1 Polyedergeometrie
Der Tetraeder und seine Additionen

Ansicht der Figuren 1 bis 6
mit einer Kantenlänge
von 10 Millimetern

Aufsicht der Figuren 1 bis 6
mit einer Kantenlänge
von 10 Millimetern

Der Tetraeder ist die minimalste vorstellbare räumliche Geometrie. Wenn drei Punkte ausreichen, um eine Ebene im Raum zu definieren, so genügt ein weiterer Punkt außerhalb dieser Ebene, um einen Tetraeder zu bilden.

Tetraeder besitzen vier Eckpunkte, vier Flächen und sechs Kanten. Bei gleichen Kantenlängen entsteht ein regelmäßiger Tetraeder aus vier gleichseitigen Dreiecken. Dieser stellt den ersten der fünf platonischen Körper dar.

Die platonischen Körper sind die von Platon definierten besonders gleichmäßigen Körper, die überall gleiche Kantenlängen, gleiche Flächen und an jeder Ecke die gleiche Anzahl von zusammentreffenden Flächen besitzen.

Die Statik eines Tetraeders ist hervorragend: Wenn man in der flächigen Geometrie jedes Dreieck aus gelenkig miteinander verbundenen Stäben stabil bauen kann, so gilt das räumlich auch für den Tetraeder, der nur aus Dreiecken aufgebaut ist.

Isometrie 30°/60° der Figuren
1 bis 6 mit einer Kantenlänge
von 15 Millimetern

1   Bildung eines Tetraeders über einem gleichseitigen Dreieck durch Hinzufügung eines außerhalb der Grundebene liegenden Punktes
2   Tetraeder
3   Doppeltetraeder
4   Versuch der Bildung eines Ringes aus 5 Tetraedern
5   Dreifache Helix aus addierten Tetraedern
6   Sternförmige Addition aus fünf Tetraedern

Warum bauen wir nun nicht alles aus Tetraedern, wenn der Bauaufwand minimal und die statischen Eigenschaften so hervorragend sind? Wie die dargestellten Figuren 3 bis 6 zeigen, lassen sich aus Tetraedern allein keine besonders sinnvollen und vor allem raumschlüssigen Additionen herstellen. Tetraeder sind nicht endlos in alle Richtungen addierbar, ohne daß Leerräume entstehen.

Trotzdem ist es sinnvoll, die Tetraederadditionen kennenzulernen und zu untersuchen, vor allem den Doppeltetraeder (Figur 3), die Dreier-Helix (Figur 5) und Figur 6.

Mögliche Abwicklungen
eines Tetraeders
mit einer Kantenlänge
von 10 Millimetern

2

3

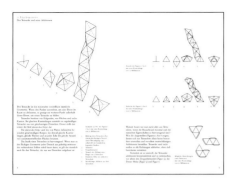
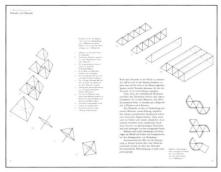
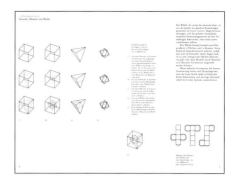
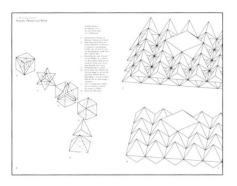
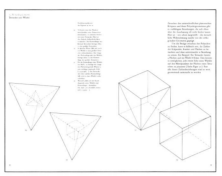
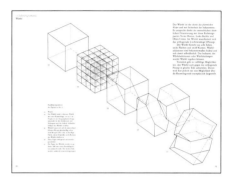
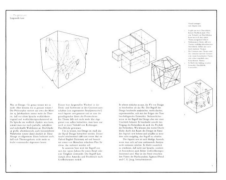
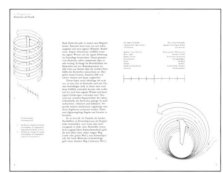
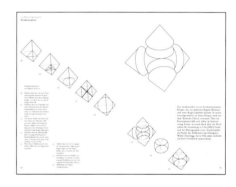
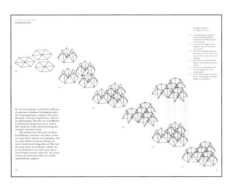
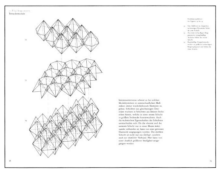
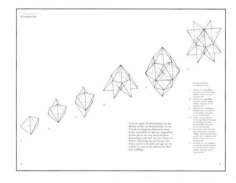
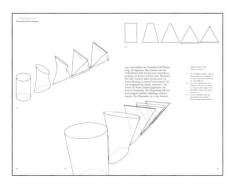
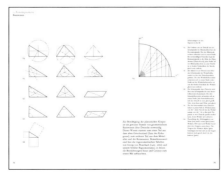
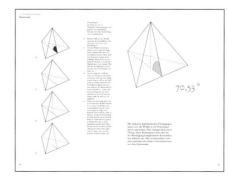

70,53°

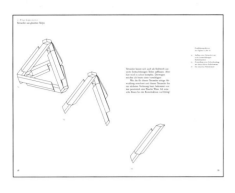

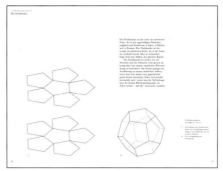

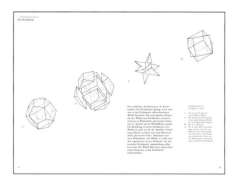

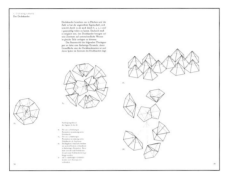

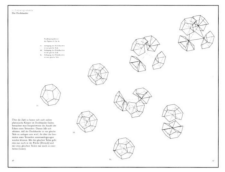

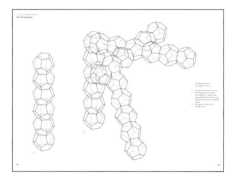

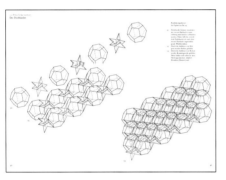

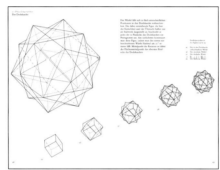

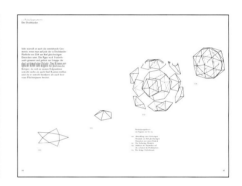

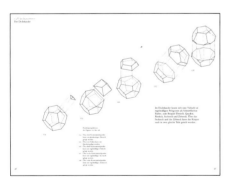

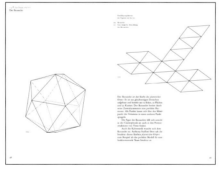

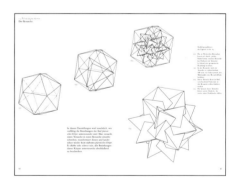

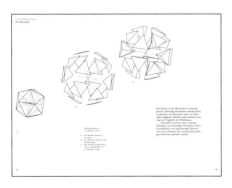

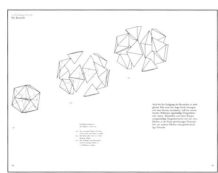

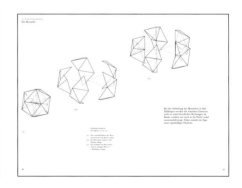

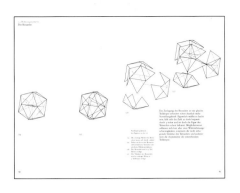
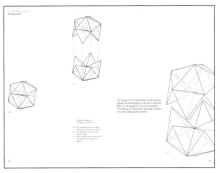
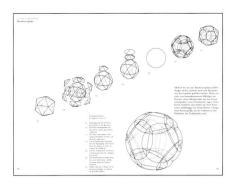
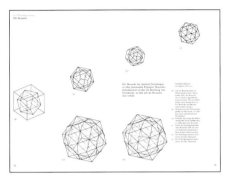
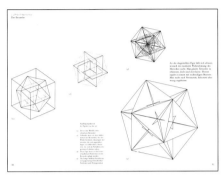
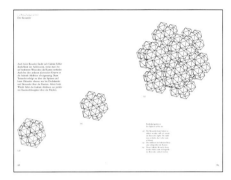
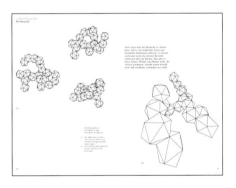
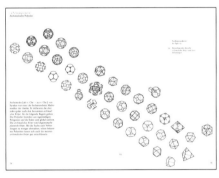
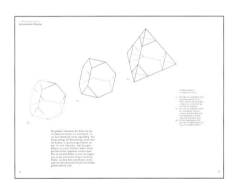
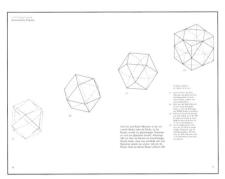
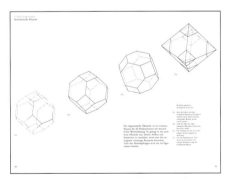
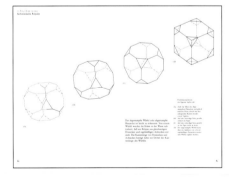
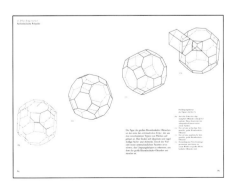
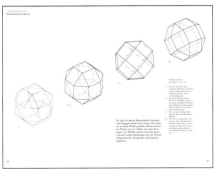
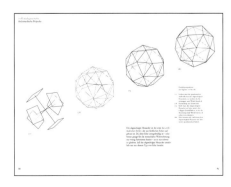

form 1

Hochschule Rosenheim
Fakultät für Innenarchitektur
Fach Interior Design I
Prof. Kilian Stauss
in Zusammenarbeit mit
dem Labor für graphische
Datenverarbeitung (LAGA),
Kurt Schmid

     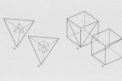

 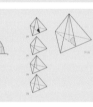

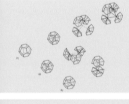 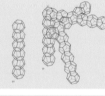 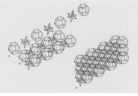 

     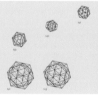

Hochschule Rosenheim
Fakultät für Innenarchitektur
Fach Interior Design 1
Prof. Köket Staats
in Zusammenarbeit mit
dem Labor für graphische
Datenverarbeitung (LfGD),
Kurt Schmid

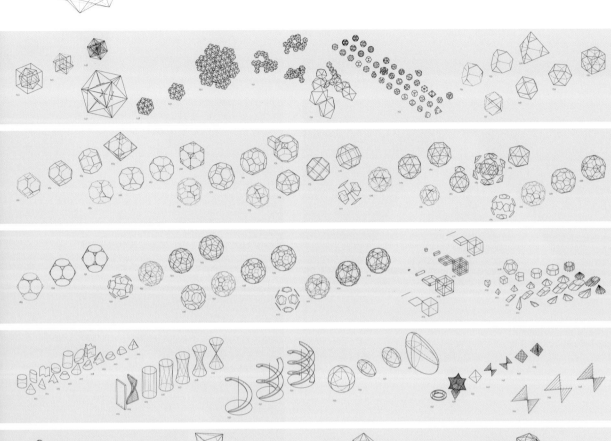

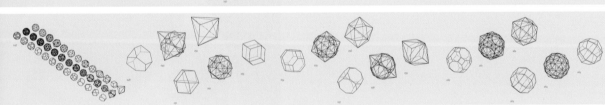

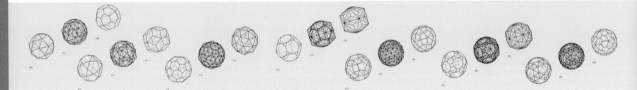

1

2

3

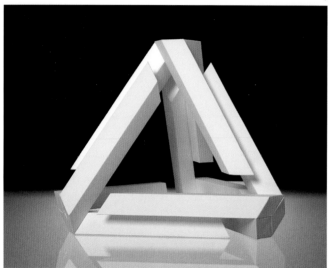

4

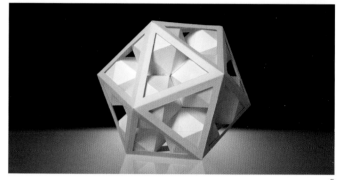

5

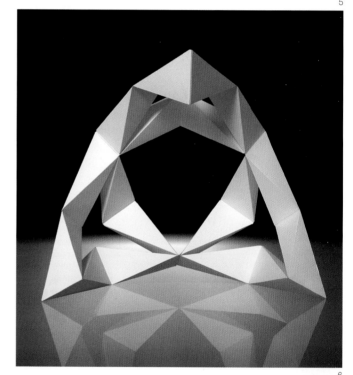

6

Hochschule Rosenheim
Fakultät Innenarchitektur und
Bachelorstudiengang Innenarchitektur
1. Studiensemester
Wintersemester 2012 / 2013

Projekt	Polyeder
Modelle Studierende 1	Alexa Neugebauer
2	anonym
3	Christina Königl
4	Isabel Kwanka
5	Angela Kerschl
6	Johannes Greithanner
7	Johannes Janson
8	Julia Holzmann
9	Aino Lang
10	Alexander Konthe
11	Theresa Kuhne
12	Julia Haag
13 – 16	Cornelia Moosmang
17	Rainer Hallmann
18	Barbara Jarrath
19	Raphaele Pirchner
Betreuer	Prof. Kilian Stauss
	Prof. Gabriel Weber
	LB Thomas Hanzalik

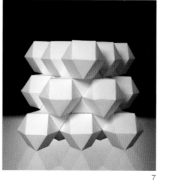

7

8

9

10

11

12

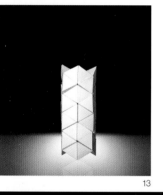

13

14

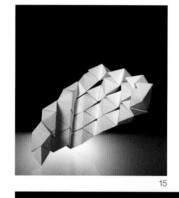

15

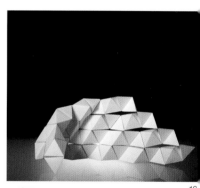

16

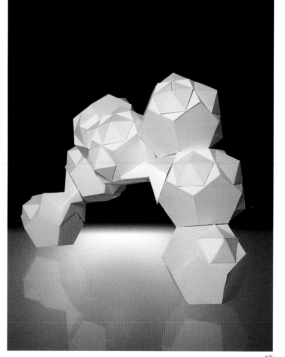

17

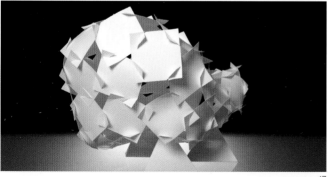

18

19

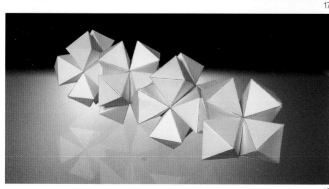

Hochschule Rosenheim
Fakultät Innenarchitektur
Masterstudiengang Innenarchitektur
1. und 2. Studiensemester
Sommersemester 2009 und
Wintersemester 2009 / 2010

Projekt   Segelyacht YSA 17
Auftraggeber   YSA Yachtbau Sven Akermann GmbH
Studierende   Martina Dillig
Stephanie Welke
Alexander Zinner
Jan Henning Schelkes
Michael Wiggering
Betreuer   Prof. Kilian Stauss
Prof. James Orrom
Prof. Rainer Haegele
Prof. Matthias Wambsganß

Der bewegte Raum

Die Innenarchitektur muss heute nicht nur Fragen innerhalb von Gebäuden, sondern auch im halböffentlichen und öffentlichen Raum und in Verkehrsmitteln untersuchen und beantworten, denn der mobile, moderne Mensch verbringt zunehmend mehr Zeit in Autos, Zügen, Bussen, Flugzeugen und Schiffen.

Im Herbst 2008 lernte ich den Schiffsbauer Sven Akermann kennen, der gerade mit seinem offenen Kielboot YSA 10 mit zehn Metern Länge, das komplett in Sichtkohlefaserlaminat gefertigt worden war, große Erfolge auf internationalen Regatten erzielte.

Eine Kalkulation ergab, dass die Produktionskosten eines etwa 17 Meter langen Bootes nur doppelt so hoch sind, wie die eines Bootes mit zehn Metern Länge, der möglicherweise aber zu erzielende Verkaufspreis das Sechsfache beträgt. So wurde das Projekt der Hochleistungsregattayacht YSA 17 aufgesetzt.

Yachten dieser Art sind sehr teuer und sprechen ein spezifisches Klientel an. Dieses sucht den sportlichen Erfolg, aber auch den Komfort und ein repräsentatives Erscheinungsbild. Keine Maßnahme darf hierbei die Leistungsfähigkeit des Bootes in irgendeiner Form mindern.

Also formulierten wir im Team die Strategie, dass alle Elemente des Ausbaus auch statisch wirksam für die Gesamtstruktur sein müssen. Bänke, Schlafplätze, Küche und Navigationsarbeitsplatz wurden zu ebenfalls aus Kohlefaser laminierten Längsstringern. Das Querschott zwischen Innenraum und Cockpit bildete eine mehrfach profilierte Versteifungswand, die auf die volle Breite als Treppe genutzt werden kann.

Ein Yachtinnenraum muss thermisch, klimatisch und akustisch von der Rumpffinnenwand isoliert werden. Das Team entwarf hierzu eine innenzeltartige Membranstruktur mit geringstem Gewicht, die durch ihre Hinterleuchtung für eine neue und großzügige Ästhetik sorgte.

Zentral im Niedergang befindet sich die Nasszelle mit Stehhöhe. Dieser komfortabel von beiden Seiten her erschlossene Raum nimmt auch die Kräfte des Mastes auf den Rumpf auf und steift diesen effektiv aus. (KS)

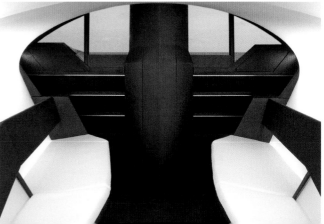

Kochen auf 7,8 Quadratmetern

Eine Recherche und Analyse innerhalb dieses Forschungsprojektes ergab, dass die durchschnittliche Größe der Küche im Geschosswohnungsbau in Deutschland eine Fläche von 7,8 Quadratmetern hat. Zu klein, um den ausufernden Träumen der deutschen Küchenmöbelindustrie Platz zur Verwirklichung zu bieten. Ein noch weitaus erstaunlicheres Ergebnis war allerdings, dass die Architekten bei der Planung von Geschosswohnungsbauten in Deutschland während der letzten hundert Jahre keinen Zentimeter auf die gerätetechnischen, ernährungstechnischen und sozialen Veränderungen reagiert haben. Es war also mehr als Zeit für ein Forschungsprojekt zum Thema Küche, dessen Ergebnisse zum Wohnungsbestand in Deutschland passen. (KS)

Hochschule Rosenheim
Fakultät Innenarchitektur und
Fakultät für Holztechnik und Bau
Bachelorstudiengang Innenarchitektur
7. Studiensemester
Wintersemester 2010 / 2011

Projekt	Küchen für Architektur in der Konversion
Auftraggeber	Bosch Siemens Hausgeräte GmbH Marke Neff-Constructa
Studierende Projekt 1	Anja Riebl
	Isabella van der Weck
	Katherine Newton
	Linda Walter
	Magdalena Teuber
	Regina Maier
	Florian Rausch
	Hendrik Todt
Betreuer	Prof. Kilian Stauss
	Prof. Thorsten Ober

Die Studierenden beschäftigten sich im Projekt zuerst einmal mit den sozialen Veränderungen in Deutschland und stellten fest, dass für die sogenannte »Hausfrauenküche« abnehmender Bedarf besteht. Etwa 85 % der Frauen ohne Kinder sind berufstätig und dieser Anteil sinkt auf nur etwa 80 %, wenn die Frauen Kinder bekommen. Die cockpitartige, auf eine Person ausgerichtete L-Küche passt damit nicht mehr zum Bedarf. Heute ist die Küche ein Ort der gesamten Familie (oder der Lebensgemeinschaft / Wohngemeinschaft), in der alle nach ihrem jeweiligen Arbeitstag gemeinsam kochen können und müssen.

In der ehemaligen L-Küche ist kommunikatives, gemeinschaftliches Kochen nicht möglich, denn man steht sich permanent im Weg und hat keinen Blickkontakt. Die davon provozierten »Revierkämpfe« sind allgemein bekannt, nur kam noch keiner auf die Idee, die Möblierungen dafür verantwortlich zu machen.

Gemeinsames Kochen bedarf des *Visavis*, nur so kann man sich ansehen, gut miteinander sprechen und sich gegenseitig Dinge reichen. Dies wiederum bedeutet, dass die aktuelle Wandorientierung von Küchen zumindest teilweise zugunsten einer Aktivierung der Raummitte aufgegeben werden muss.

Aber wie passt ein solches Konzept in kleine Grundrisse? Erstens durch eine Reduktion der Arbeitsplattentiefen, denn im Stehen hat ein Erwachsener an einem Tisch sowieso nur eine Greiftiefe von 40 Zentimetern. Zweitens durch klappbare Elemente, die nur aktiviert werden, wenn sie benötigt werden. Drittens durch eine Reduktion des allgegenwärtigen Stauraumes. (Wir besitzen zuviel, was nie benutzt wird.) Viertens durch eine Aktivierung des Stauraumes außerhalb des Greifbereiches durch vertikal verfahrbare Elemente.

Interessant ist, dass sich die Studierenden an keinen der ästhetischen Codes hielten, wie sie in der Küchenmöbelgestaltung oft für allgemein gültig gehalten werden: Sie verzichteten auf die Durchgängigkeit von Materialien, Fronten, Arbeitsflächen und Farben, sie lösten übliche Gerätekombinationen auf und sie kämpften gegen die Diktatur des staubdichten Stauraums und der Systemschublade mit parallel nebeneinander auf gefilzten Böckchen liegenden Bestecken an. Schließlich, wer lebt denn so?

Die Party zur Präsentation der vier im Maßstab 1:1 gebauten Raum- und Möbelprototypen zeigte, dass Platz in der kleinsten Hütte ist, zum Teil sogar für 15 (!) Personen. (KS)

Hochschule Rosenheim
Fakultät Innenarchitektur und
Fakultät für Holztechnik und Bau
Bachelorstudiengang Innenarchitektur
7. Studiensemester
Wintersemester 2010 / 2011

Projekt	Küchen für Architektur in der Konversion
Auftraggeber	Bosch Siemens Hausgeräte GmbH Marke Neff-Constructa
Studierende Projekt 1 (links oben)	Anja Riebl Isabella van der Weck Katherine Newton Linda Walter Magdalena Teuber Regina Maier Florian Rausch Hendrik Todt
Studierende Projekt 2 (rechts oben)	Ana Barreto Anna Walter Barbara Stuiber Joana Marques Manfred Halt Michael Sperber
Studierende Projekt 3 (links unten)	Alexandra Ehlert Angelika Hess Anne Hees Carina Schmidt Carolin Köppel Cornelia Bienek Christoph Hendrix Michael Sinn Stefan Junker
Studierende Projekt 4 (rechts unten)	Carolin Schindlbeck Daniela Borze Manuela Schmidt Margit Schäffeler Nathalie Schuster Stefanie Grawer Andreas Achstetter
Betreuer	Prof. Kilian Stauss Prof. Thorsten Ober

Park & Charge

Im Zuge der aufkommenden Elektromobilität (E-Cars, Hybrid-Fahrzeuge, Pedelecs) kommt die Frage auf, wann und wie deren Akkus nachhaltig aufgeladen werden können. Da die Fahrzeuge eher am Tag in Gebrauch sind und in der Nacht die längste Stillstandsphase haben, erscheint Windenergie hier sinnvoll.

Mit Studierenden des 4. Semesters im Bachelorstudiengang wurde untersucht, wie sich der Typus Funktionsbau »Garage« in diesem Zusammenhang ändern könnte, um sowohl statisch und akustisch richtig eine Windkraftanlage aufnehmen zu können als auch den Fahrzeugen Schutz zu bieten.

Einige Gruppen beschäftigten sich parallel mit Windkraft und Carports am Arbeitsplatz, an Verkehrsknotenpunkten oder Großparkplätzen. (KS)

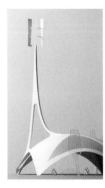 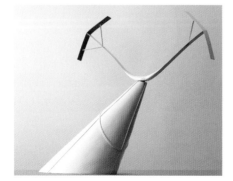

Hochschule Rosenheim
Fakultät Innenarchitektur
Bachelorstudiengang Innenarchitektur
4. Studiensemester
Sommersemester 2011

Projekt	Park & Charge
Auftraggeber	Elektro Kreutzpointner GmbH
Studierende Projekt 1 (oben links)	Bernadetta Liquori
	Katharina Däullary
	Samantha Miller
	Simone Merz
Studierende Projekt 2 (oben Mitte)	Johanna Wiedemann
	Marena Teutsch
	Robin Gower
	Simon Hofelich
Studierende Projekt 3 (oben rechts)	Bianca Lechner
	Jennifer Sperber
	Susann Lehmann
	Valentina Vollmer
Studierende Projekt 4 (Mitte links)	Alina Rall
	Alisa Mozigemba
	Melina Regenscheidt
	Nadia Oehling
Studierende Projekt 5 (Mitte)	Elisabeth Seifart
	Julia Schweighart
	Katja Leipold
	Veronika Schwarzenböck
Studierende Projekt 6 (Mitte rechts)	Daniela Häussler
	Inga Heder
	Rebeca Garcia
	Michael Hess
Studierende Projekt 7 (unten links)	Johanna Maria Dickel
	Julia Federhofer
	Katharina Dechert
	Waltraud Ertl
Studierende Projekt 8 (unten rechts)	Alexandra Schwarz
	Carolin Mauss
	Katharina Lechner
	Maria Steiner
Studierende Projekt 8 (rechte Seite)	Julia Wöhrl
	Katharina Sartorius
	Fabian Reuss
	Martin Prantl
Betreuer	Prof. Kilian Stauss
	LB Thomas Hanzalik

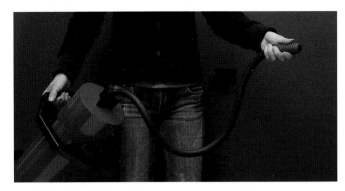

Handfeuerlöschgeräte und Architektur

Forschung ist für die Minimax Mobile Services GmbH & Co. KG die Basis für die stetige Verbesserung des Produktprogramms und damit ein wichtiger Teil kontinuierlicher Entwicklung. In einem Forschungsprojekt wollte Minimax untersuchen lassen, wie die Akzeptanz von Handfeuerlöschgeräten bei Architekten und Planern verbessert werden kann. Dabei waren sowohl Optimierungen des Produktes an sich als auch Verbesserungen des Planungsprozesses für die Aufstellung und Integration denkbar. Ziel des Projektes war eine Steigerung der Architekturkompatibilität dieses für die Innenausstattung von Gebäuden obligatorischen Produktes. Die siebenköpfige Studierendengruppe entwickelte dabei sowohl formale und ästhetische Verbesserungen als auch technische und ergonomische. Die Entwürfe wurden von den Studierenden an den Werkstätten der Hochschule als Designmodelle im Maßstab 1:1 umgesetzt und zusammen mit dem Auftraggeber in der Handhabung überprüft. (KS)

Hochschule Rosenheim
Fakultät Innenarchitektur
Bachelorstudiengang Innenarchitektur
7. Studiensemester
Wintersemester 2008 / 2009

Projekt	Handfeuerlöscher
Auftraggeber	Minimax Mobile Services GmbH & Co. KG
Studierender Projekt 1 (linke Seite oben)	Johannes Zauner
Studierender Projekt 2 (linke Seite unten)	Alexander Zinner
Studierende Projekt 3 (rechte Seite oben)	Karolin Weiherer
Studierende Projekt 4 (rechte Seite zweite Reihe von oben)	Susanne Straub
Studierende Projekt 5 (rechte Seite zweite Reihe von unten)	Madeleine Funk
Studierende Projekt 6 (rechte Seite zweite Reihe von unten)	Kristina Henning, Petra Schmidt
Betreuer	Prof. Kilian Stauss Prof. Rainer Haegele

Hochschule Rosenheim
Fakultät Innenarchitektur
Bachelorstudiengang Innenarchitektur
7. Studiensemester
Wintersemester 2011 / 2012

Projekt	Sinn und Sinnlichkeit der Küche
Auftraggeber	Ludwig Sechs GmbH
Studierender Projekt 1 (linke Seite oben)	Benedikt Vogel
Studierende Projekt 2 (linke Seite Mitte links)	Anja Müller
Studierende Projekt 3 (linke Seite Mitte)	Daniel Fuchs Philipp Hofer
Studierende Projekt 4 (linke Seite Mitte rechts)	Stefan Reiser
Studierende Projekt 6 (linke Seite unten links)	Malwina Brzoza
Studierende Projekt 7 (linke Seite unten Mitte)	Tanja Aicher Theresa Bauer
Studierende Projekt 8 (linke Seite unten rechts)	Rikea Metz Veronika Greska Christina George
Studierende Projekt 9 (rechte Seite)	Nadja Gitzl
Betreuer	Prof. Kilian Stauss Prof. Rainer Haegele

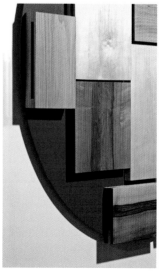

Sinn und Sinnlichkeit der Küche

Zeitgenössische Küchengestaltung ist stark geprägt von den Parametern Ordnung, Hygiene und Funktionalität. Grundsätzlich sinnvoll, scheinen sie gegenüber anderen, ebenso wichtigen Parametern, übermächtig geworden zu sein. Sinnlichkeit, Gemeinsamkeit, Fröhlichkeit, Lust und Genuss wirken von dieser Dominanz wie in den Hintergrund gedrückt.

Wollen wir wirklich den ganzen Tag beispielsweise Bestecke erst feinsäuberlich in dafür vorgesehene Schubladen in die Spülmaschine räumen, um sie nach dem Säubern akkurat in die Besteckschublade zu sortieren? Funktioniert das Leben so?

Die Studierenden zeigten in ihren im Maßstab 1:1 umgesetzten Entwürfen: Erstens Lösungen jenseits des alles dominierenden Rastermaßes von 60·60 Zentimetern. Zweitens neue Gestaltungsvorschläge zu bekannten Geräten. Drittens die Abkehr von Maschinen und das Bekenntnis zur Handarbeit in der Küche. Viertens stärkeren Einsatz von Farbe und fünftens die Entwicklung neuer (Un-)Ordnungssysteme zur besseren Bewältigung des Alltags. Die Ergebnisse wurden im Februar 2012 im Rahmen der 1. Munich Creative Business Week (MCBW) in den Räumen des Auftraggebers präsentiert und ausgestellt. (KS)

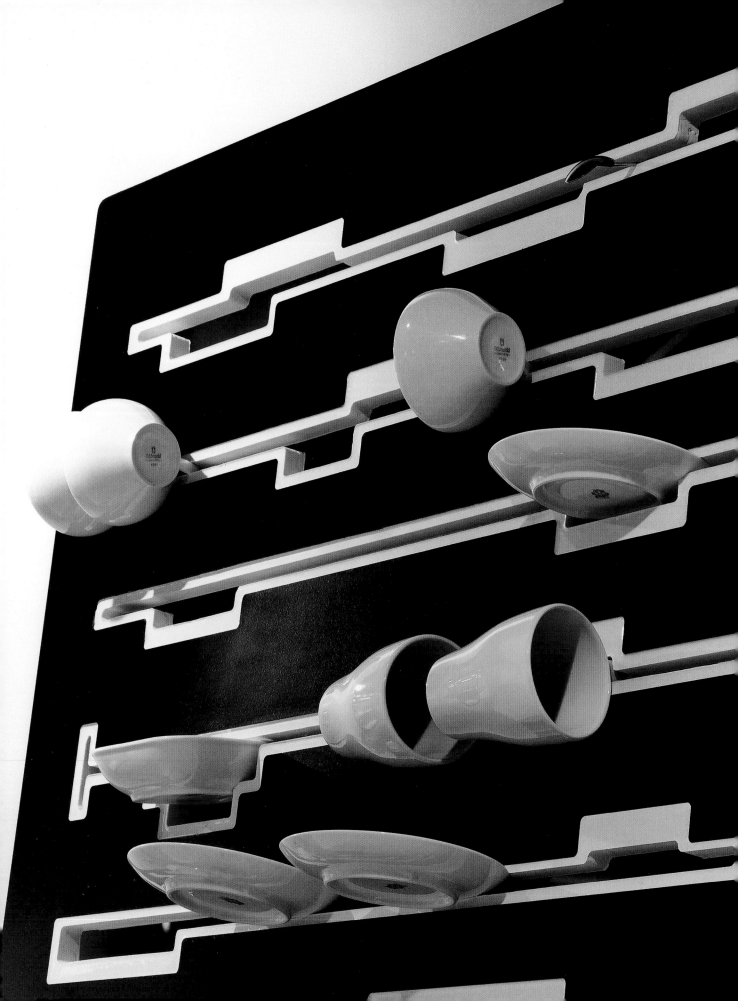

Hochschulen in Zukunft

Im Herbst 2010 trat das Unternehmen VS GmbH & Co. KG, einer der Marktführer im Bereich Schul-, Seminar- und Universitätsmöbel, an die Hochschule Rosenheim mit dem Wunsch nach einem Forschungsprojekt heran, bei dem untersucht werden sollte, wie sich die aktuellen Veränderungen in der Organisation von Studiengängen (Bachelor und Master) und die sich verändernden Lehr- und Unterrichtsformen auf die Architektur, Innenarchitektur und Möblierungen von Hochschulen und Universitäten auswirken.

Es wurde beschlossen, ein viersemestriges Forschungsprojekt ins Leben zu rufen, an dem zu gleichen Teilen die Fakultät für Innenarchitektur (Prof. Kilian Stauss) und die Fakultät für Holztechnik und Bau (Prof. Thorsten Ober) beteiligt sind. Im ersten Projektsemester sollten Grundlagen erarbeitet und allgemeine Konzepte entwickelt werden. Das zweite Projektsemester diente der Gestaltung neuer Möbelsysteme bis hin zu Designmodellen im Maßstab 1:1, während im dritten Projektsemester die vorher gestalteten Entwürfe hinsichtlich einer industriellen Herstellbarkeit durchkonstruiert wurden. Eine Phase mit Akzeptanz- und Funktionstests der aufgrund von Erkenntnissen aus dem dritten Semester überarbeiteten Prototypen schloss sich im vierten Projektsemester an.

Die Recherchen und Analysen im ersten Semester ergaben, dass Hochschulen und Universitäten kaum bis gar nicht auf die Anforderungen hochspezialisierter Studiengänge mit eher geringerer Studierendenzahl, aber hohem Platzbedarf und hohem Eigenarbeitsanteil der Studierenden ausgerichtet sind, wie sie für den Master typisch sind. (KS)

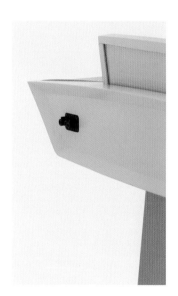

Hochschule Rosenheim
Fakultät Innenarchitektur und
Fakultät für Holztechnik und Bau
Masterstudiengang Innenarchitektur
1., 2. und 3. Studiensemester
Sommersemester 2011 und
Wintersemester 2011 / 2012

Projekt	Hochschulmöbel der Zukunft
Auftraggeber	VS GmbH & Co. KG
Studierender Projekt 1	Dirk Parbel
(linke Seite oben und rechte Seite)	
Studierende Projekt 2	Marlies Handlos
(linke Seite unten)	
Betreuer	Prof. Kilian Stauss
	Prof. Thorsten Ober

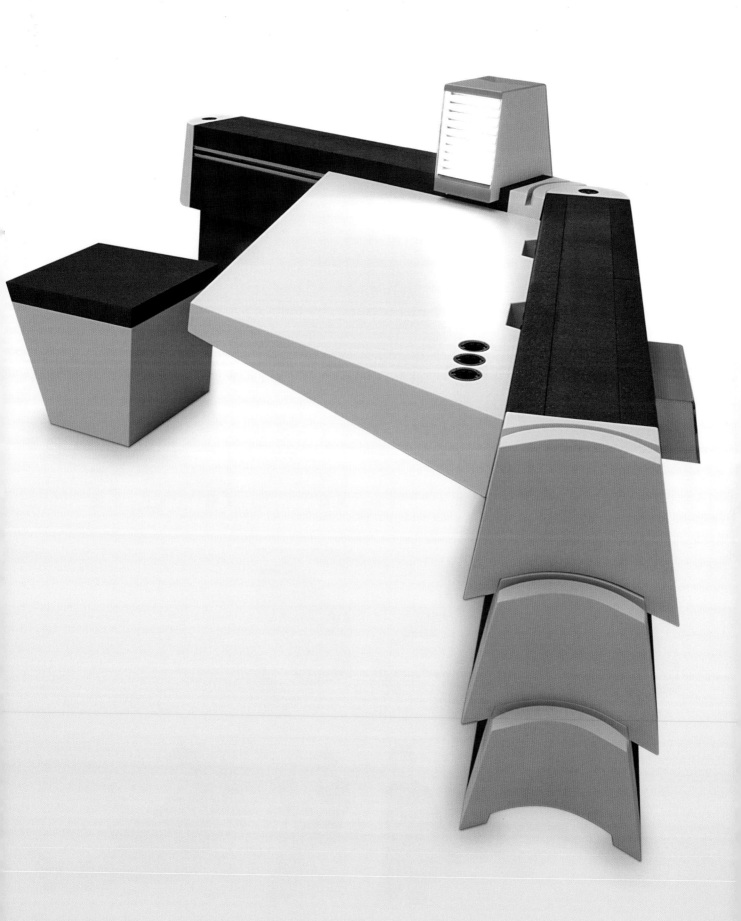

Die entwickelten Lösungen zeigten innovative, raumbildende Tischsysteme mit hoher Technikintegration, die aus leichten, akustisch wirksamen und sehr robusten Polypropylenschaum-Elementen bestehen (Studierender Dirk Parbel), flexible und robuste Kleintische mit integrierter Arbeitsplatzbeleuchtung, abschließbarem Stauraum und elektrischer Verkettbarkeit (Studierende Marlies Handlos), mobile und autarke Mikroraumeinheiten (Studierende Martina Menhardt), sowie zwei Ansätze, die auf stationäre Möblierungen teilweise verzichten und die Taschen der Studierenden und Mitarbeiter so verändern, dass diese zu einem eigenen Arbeitsplatz werden (Studierende Katharina Keller und Miriam Felkel).

Eindeutig ist bei allen Entwürfen die Abkehr von dem Typ Seminarraum, der eher einem Schulklassenzimmer gleicht und allein auf Frontalunterricht ausgelegt ist. Klar zu erkennen ist auch der Wunsch nach selbst zu organisierenden Umfeldern für Arbeits- und Lerngruppen.

Am auffallendsten ist, dass die Studierenden die Hochschulen und Universitäten der Zukunft als Orte ansehen, an denen sie selbst einen eigenen Arbeitsplatz haben. Forschen (Wissensentwicklung) wird wichtiger als Lehre (Wissensvermittlung). (KS)

Hochschule Rosenheim
Fakultät Innenarchitektur und
Fakultät für Holztechnik und Bau
Masterstudiengang Innenarchitektur
1., 2. und 3. Studiensemester
Sommersemester 2011 und
Wintersemester 2011 / 2012

Projekt Hochschulmöbel der Zukunft
Auftraggeber VS GmbH & Co. KG
Studierende Projekt 3 Martina Menhart
(linke Seite oben und rechte Seite)
Studierende Projekt 4 Katharina Keller
(linke Seite Mitte)
Studierende Projekt 5 Miriam Felkel
(linke Seite unten)
Betreuer Prof. Kilian Stauss
Prof. Thorsten Ober

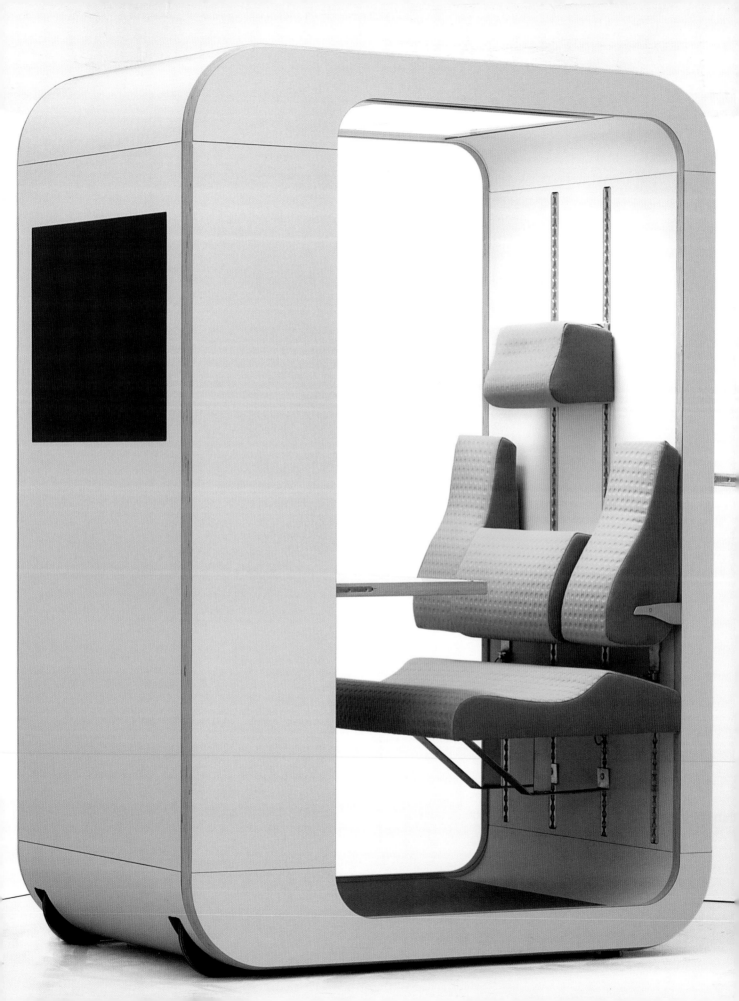

Interfaces in der Architektur

Die zunehmende Technisierung der Mobilität, der Architektur und des privaten Wohnens bringt es mit sich, dass über die Steuerung der Geräte und ihrer immer komplexeren Vorgänge neu nachgedacht werden muss.

Der noch aus der Kaiserzeit stammende, monofunktionale Lichtschalter in der Innenarchitektur ist also ein Relikt, das uns für die Zukunft in vielen Steuerungsfragen nicht mehr weiterhelfen wird.

Aber auch die Automobilindustrie hat mit technischen Relikten zu kämpfen: Das Steuersystem mit Lenkrad, Lenksäule und mechanischem Getriebe, das allenfalls elektrohydraulisch unterstützt wird, ist ungenau und stellt bei einem Aufprall ein Verletzungsrisiko für den Fahrer dar.

Zeit also für neue *Interfaces* in Fahrzeug und Haus.

Die Ident Technology AG trat im Frühjahr 2007 mit dem Vorschlag eines Forschungsprojektes an die Fakultät Innenarchitektur der Hochschule Rosenheim, Fachgebiet Interior Design, heran, in dem für die neuentwickelte Schaltertechnologie Skinplex® passende Anwendungen in den Bereichen automotive interior, gestische Steuerung und sog. »weiße Ware« (Kühlschränke, Waschmaschinen, Trockner, etc.) gefunden werden sollten.

Bei den Entwürfen wurde Folgendes klar: Damit der Nutzen einer neuen Schaltertechnologie erkannt wird, muss diese mit einem ergonomischen Vorteil verknüpft werden. Zudem reicht es nicht, wenn nur das Interface ergonomisch gestaltet ist, der Rest des Produktes aber Defizite aufweist. Ein hoher Anspruch an die Bedienung muss vom Produkt an allen Stellen in gleicher Weise erfüllt werden.

Mit dieser Erkenntnis gestalteten die Studierenden in diesem Forschungsprojekt elektronische Lenkräder, Anzeige- und Bedienungssysteme für Cockpits, neue Waschmaschinen und interaktive Waschkugeln sowie Armbänder und in Polsterflächen integrierte *trackpads* als Basiselemente für gestische Steuerungsvorgänge.

Alle Entwürfe wurden von den Teams als Prototypen im Maßstab 1:1 umgesetzt. (KS)

	Hochschule Rosenheim
	Fakultät Innenarchitektur
	Bachelorstudiengang Innenarchitektur
	6. Studiensemester
	Sommersemester 2008
Projekt	Skinplex – Zero Power Switch
Auftraggeber	Ident Technology AG, Wessling
Studierende Projekt 1	Martin Altmeppen
(linke Seite)	Dirk Parbel
	Jürgen Ress
	Sebastian Besler
Studierende Projekt 2	Joshua Brunn
(rechte Seite)	
Betreuer	Prof. Kilian Stauss

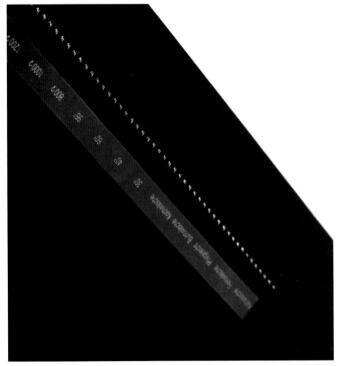

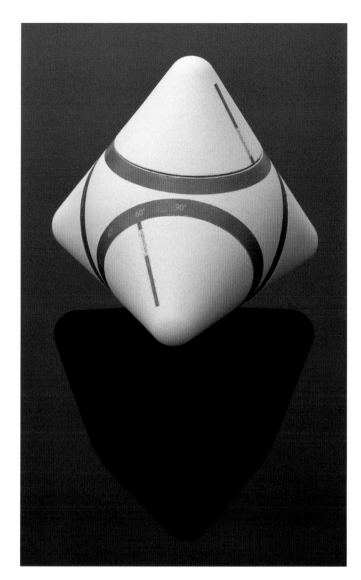

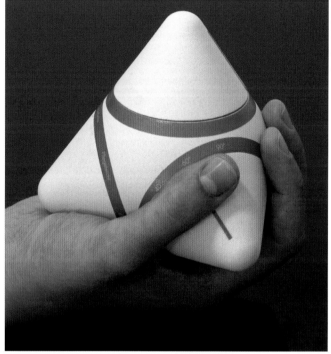

Hochschule Rosenheim
Fakultät Innenarchitektur
Bachelorstudiengang Innenarchitektur
6. Studiensemester
Sommersemester 2008

Projekt	Skinplex – Zero Power Switch
Auftraggeber	Ident Technology AG, Wessling
Studierende Projekt 3	Lena Mayer
(linke Seite)	Siegrid Rueckl
	Anne Schädlich
Studierende Projekt 4	Sonja Gleich
(rechte Seite oben rechts)	Kristina Henning
	Julia Hilke
	Katharina Hofer
	Petra Schmidt
Studierende Projekt 5	Rebecca Stotz
(rechte Seite Mitte)	Kathrin Winter
Studierende Projekt 5	Katharina Keller
(rechte Seite unten)	Maria Klonz
Betreuer	Prof. Kilian Stauss

Hochschule Rosenheim
Fakultät Innenarchitektur
Masterstudiengang Innenarchitektur
1. und 3. Studiensemester
Wintersemester 2012 / 2013

Projekt	Public Design für die Energiewende
Auftraggeber	Schletter GmbH
Studierende Projekt 1	Jana Vieregge
(linke Seite)	
Studierende Projekt 2	Sophie Hassels
(rechte Seite)	
Betreuer	Prof. Kilian Stauss

Public Design
für die Energiewende

Die Ziele der nach dem Unglück von Fukushima in der Bundesrepublik Deutschland beschlossenen Energiewende sind klar: Eine mittelfristige Abkehr von atomarer Energie und fossilen Brennstoffen und eine Hinwendung zu regenerativen Energien. Gleichzeitig werden Methoden und Techniken zur weiteren Energieeinsparung entwickelt. So weit, so gut.

Aber glauben wir wirklich, die Energiewende würde quasi unsichtbar vonstattengehen und alle Produkte und Bauwerke würden dabei ihre bisherige Gestalt behalten?

Von diesem Glauben werden wir uns verabschieden müssen, gerade im öffentlichen Raum. Bisher war hier die Abgabe von elektrischer Energie unüblich, sei es aus Gründen der Unfallvermeidung oder der Verhinderung von Strompiraterie.

Hier müssen wir umdenken, denn die aktuell entstehende Elektromobilität mit Pedelecs und E-Cars benötigt Ladestellen von hoher Qualität in engem Raster im öffentlichen Raum.

Der Vorgang, elektrische Energie zu laden, dauert ungleich länger als das Betanken von Fahrzeugen mit fossilen Brennstoffen in flüssigem oder gasförmigem Zustand. Damit müssen diese »Stromtankstellen« eine deutlich höhere Aufenthaltsqualität besitzen und vielleicht auch Angebote machen, die ein Aufladen nebenbei ermöglichen.

Die an diesem, von der Schletter GmbH in Haag finanzierten Forschungsprojekt beteiligten Masterstudierenden, entwickelten Sitzmöbel und Einfriedungen für den öffentlichen Stadtraum mit integrierter Stromabgabe (Jana Vieregge), piezokeramische Stromerzeugungselemente für Fassaden, die zugleich als Verschattung dienen (Sophie Hassels), Photovoltaik-Parks mit Bars, Fahrradstationen und öffentlichen Sanitäranlagen (Inken Theile), mobile, temporär aufstellbare Ausstellungscontainer mit Solardächern und Medienintegration (Jonas Albrecht), Regenrohrturbinen (Katja Julia Milbradt) und interaktive, digital vernetzte Spielelemente (Ilina Pandeva). (KS)

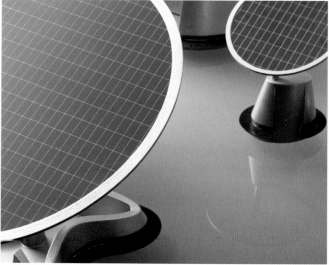

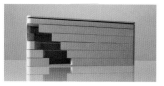

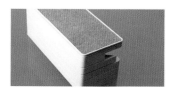

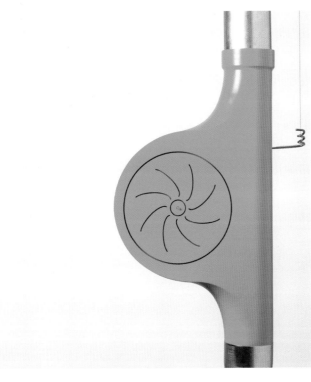

Hochschule Rosenheim
Fakultät Innenarchitektur
Masterstudiengang Innenarchitektur
1. und 3. Studiensemester
Wintersemester 2012 / 2013

Projekt	Public Design für die Energiewende
Auftraggeber	Schletter GmbH
Studierende Projekt 3	Inken Theile
(linke Seite oben)	
Studierender Projekt 4	Jonas Albrecht
(linke Seite unten)	
Studierende Projekt 5	Katja Julia Milbradt
(rechte Seite oben)	
Studierende Projekt 6	Ilina Pandeva
(rechte Seite unten)	
Betreuer	Prof. Kilian Stauss

8

addendum

1

2

3

4

5

6

7

8

9

10

11

12

13

14

Veröffentlichungen Kilian Stauss
als Professor an der Hochschule
Rosenheim, Fakultät Innenarchitektur

1   Magazin der Fakultät Innenarchitektur
    »horoscope«
    Prof. Kilian Stauss, Kurt Schmid, 2010
    ISBN 978-3-9813431-0-6, 362 Seiten

2   Hochschule Rosenheim
    Fakultät Innenarchitektur
    Forschungsbericht
    »Himmel und Bett«
    Prof. Kilian Stauss, LB Thomas Hanzalik
    Sommersemester 2012

3   Forschungsbericht
    »Hochschulmöbel der Zukunft«
    in Kooperation mit der VS Vereinigte
    Spezialmöbelwerkstätten GmbH & Co. KG
    Prof. Kilian Stauss, Prof. Thorsten Ober
    Wintersemester 2010 / 2013 und
    Sommersemester 2011
    ISBN 978-3-944025-02-5

4   Forschungsbericht
    Segelyacht »YSA 17«
    in Kooperation mit der
    Sven Ackermann Yachtbau GmbH
    Prof. Kilian Stauss, Prof. J. Orrom,
    Prof. R. Haegele, Prof. M. Wambsganß
    Sommersemester 2009 und
    Wintersemester 2009 / 2010

5   Forschungsbericht
    »Sinn und Sinnlichkeit«
    in Kooperation mit der
    Ludwig Sechs Die Küche GmbH
    Prof. Kilian Stauss, Prof. Rainer Haegele
    Wintersemester 2011 / 2012

6   Forschungsbericht
    »SKINPLEX® – zeropower® Switch«
    in Kooperation mit der
    IDENT Technology AG
    Prof. Kilian Stauss
    Sommersemester 2008

7   Forschungsbericht
    »Transforming Space«
    Prof. Kilian Stauss, Prof. Thorsten Ober
    Sommersemester 2013

8   Forschungsbericht
    »Produkte für Kinder«
    in Kooperation mit den
    Caritas Wendelstein Werkstätten
    Prof. Kilian Stauss
    Wintersemester 2009 / 2010

9   Masterprojekt
    »Public Design für die Energiewende«
    in Kooperation mit der Schletter GmbH
    Prof. Kilian Stauss
    Wintersemester 2012 / 2013
    ISBN 978-3-944025-04-9

10 Forschungsbericht
    »Minimax«
    in Kooperation mit Minimax Mobile
    Services GmbH & Co. KG, Bad Urach
    Prof. Kilian Stauss, Prof. Rainer Haegele
    Wintersemester 2008 / 2009

11 Projekt I4 Interior Design
    »Touch Down and Take Off«
    Prof. Kilian Stauss, Prof. Gabriel Weber
    Sommersemester 2013
    ISBN 978-3-944025-11-7

12 Forschungsbericht
    »Tatort Theke«
    in Kooperation mit der Aichinger GmbH
    Prof. Rainer Haegele, Prof. Kilian Stauss
    Wintersemester 2008 / 2009

13 Forschungsbericht
    »Serralunga«
    in Kooperation mit Serralunga Italien
    Prof. Rainer Haegele, Prof. Kilian Stauss
    Wintersemester 2008 / 2009

14 Forschungsbericht
    »Küchen für Architektur in der Konversion«
    in Kooperation mit der Bosch und
    Siemens Hausgeräte GmbH,
    Prof. Kilian Stauss, Prof. Thorsten Ober
    Wintersemester 2010 / 2011
    ISBN 978-3-944025-00-1

1

Veröffentlichungen Kilian Stauss
als selbstständiger Designer
1   Buch
     »sp – Stauss & Pedrazzini 1996 – 2002«
     Stauss & Pedrazzini Partnerschaft
     2002
     ISBN 3-00-010231-0
2   Buch
     »design stauss grillmeier,
     arbeiten | works 1996 – 2012«
     stauss grillmeier partnerschaft
     Cherbuliez Edition 2012,
     312 Seiten, leinengebunden,
     Schutzumschlag,
     ISBN 978-3-9814774-2-9

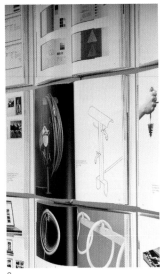

2